MEDITACIÓN

Guía De Atención Plena Para Aumentar La Felicidad

(El secreto para una vida Zen feliz y exitosa)

Pirro Rojo

Publicado Por Daniel Heath

© **Pirro Rojo**

Todos los derechos reservados

Meditación: Guía De Atención Plena Para Aumentar La Felicidad (El secreto para una vida Zen feliz y exitosa)

ISBN 978-1-989808-49-8

Este documento está orientado a proporcionar información exacta y confiable con respecto al tema y asunto que trata. La publicación se vende con la idea de que el editor no esté obligado a prestar contabilidad, permitida oficialmente, u otros servicios cualificados. Si se necesita asesoramiento, legal o profesional, debería solicitar a una persona con experiencia en la profesión.

Desde una Declaración de Principios aceptada y aprobada tanto por un comité de la American Bar Association (el Colegio de Abogados de Estados Unidos) como por un comité de editores y asociaciones.

No se permite la reproducción, duplicado o transmisión de cualquier parte de este documento en cualquier medio electrónico o formato impreso. Se prohíbe de forma estricta la grabación de esta publicación así como tampoco se permite cualquier almacenamiento de este documento sin permiso escrito del editor. Todos los derechos reservados.

Se establece que la información que contiene este documento es veraz y coherente, ya que cualquier responsabilidad, en términos de falta de atención o de otro tipo, por el uso o abuso de cualquier política, proceso o dirección contenida en este documento será responsabilidad exclusiva y absoluta del lector receptor. Bajo ninguna circunstancia se hará responsable o culpable de forma legal al editor por cualquier reparación, daños o pérdida monetaria debido a la información aquí contenida, ya sea de forma directa o indirectamente.

Los respectivos autores son propietarios de todos los derechos de autor que no están en posesión del editor.

La información aquí contenida se ofrece únicamente con fines informativos y, como tal, es universal. La presentación de la información se realiza sin contrato ni ningún tipo de garantía.

Las marcas registradas utilizadas son sin ningún tipo de consentimiento y la publicación de la marca registrada es sin el permiso o respaldo del propietario de esta. Todas las marcas registradas y demás marcas incluidas en este libro son solo para fines de aclaración y son propiedad de los mismos propietarios, no están afiliadas a este documento.

TABLA DE CONTENIDO

Parte 1 1

Introdução 2

Capítulo 1: O Que É Meditação E O Que Não É 6

A MEDITAÇÃO SUPERA A CONCENTRAÇÃO MÉDIA. 7
A MEDITAÇÃO TAMBÉM NÃO É RELAXAMENTO. 7
MEDITAÇÃO NÃO TEM NADA A VER COM RELIGIÃO OU PRÁTICAS
RELIGIOSAS. 8
PENSAR TAMBÉM NÃO É MEDITAÇÃO, NEM A CESSAÇÃO DE
PENSAMENTOS. 8
ENTÃO, O QUE É MEDITAÇÃO? 9

Capítulo 2: Benefícios Científicos E Esotéricos Da Meditação
.... 15

AUMENTA A FUNÇÃO CEREBRAL E IMUNOLÓGICA. 16
REDUZ O ESTRESSE E OS PROBLEMAS QUE O ESTRESSE LEVA. 18

Capítulo 3: A Postura Ideal, Localização, Tempo E Respiração
.... 24

SENTE-SE CONFORTAVELMENTE. 25
ENTENDA A SUA RESPIRAÇÃO. 25
ESCOLHA UMA HORA. 26
RELAXE SEU CORPO. 27
ENTENDA GESTOS DE MÃO. 29
APRECIE SUA MEDITAÇÃO. 30
ENCONTRE UM LUGAR QUE FUNCIONE PARA VOCÊ. 31
ENCONTRE UM LUGAR QUE SEJA NOVO. 32
ENCONTRE UM HORÁRIO QUE FUNCIONE PARA VOCÊ. 32
ENTENDA QUANDO EVITAR A MEDITAÇÃO. 33
PRATIQUE DIARIAMENTE. 33
COMPROMETA-SE. 34
PRATIQUE A SUA MEDITAÇÃO EM QUALQUER LUGAR. 34
OBSERVE SEUS PENSAMENTOS. 36

PERMITA-SE APRENDER. 36

Capítulo 4: Como Tornar A Meditação Um Hábito Diário - Definindo Objetivos E Acompanhando O Progresso 38

Capítulo 5: Primeiros Passos - Noções Básicas De Meditação (O Que Fazer Depois De Fechar Os Olhos) 50

Capítulo 6: Estou Perdendo Meu Tempo? Como Eu Sei Que Estou Meditando? 54

Capítulo 7: Meditação Para Promover Uma Paz Interior Duradoura 63

Capítulo 8: Como Nunca Mais Sentir Estresse E Ansiedade 71

Capítulo 9: Técnicas Avançadas Para Meditação Mais Profunda 78

Capítulo 10: Prática De Meditação Continuada 85

Capítulo 11: Descobrindo Suas Forças Internas 92

Capítulo 12: Qual É A Melhor Técnica Para Meditação? 96

Capítulo 13: Vivendo Com Mais Atenção 103

Parte 2 107

Introducción 108

Meditación 101: Entendiendo La Relación Entre Los Pensamientos Y La Depresión 109

LA RELACIÓN ENTRE LOS PENSAMIENTOS Y LAS ENFERMEDADES MENTALES 110
DERRIBANDO LA CONEXIÓN ENTRE LOS PENSAMIENTOS NEGATIVOS Y LA DEPRESIÓN 112

La Ciencia Detrás De La Meditación 114

CÓMO FUNCIONA LA MEDITACIÓN 115
Respuesta Del Sistema Nervioso Parasimpático 115
La Meditación Ayuda A Reducir La Hiperactividad En El

Cerebro *116*
CÓMO LA MEDITACIÓN AYUDA A ELIMINAR LA ANSIEDAD Y EL ESTRÉS
.... 120
CÓMO LA MEDITACIÓN COMBATE LA DEPRESIÓN 122
CÓMO LA MEDITACIÓN TE AYUDA A ALCANZAR PAZ INTERIOR, FELICIDAD Y CONFIANZA 124
CÓMO PREPARARSE PARA LA MEDITACIÓN 127

Cómo Entrar En Un Estado Meditativo............................. 129

Diferentes Técnicas De Meditación Para Combatir El Estrés Y La Ansiedad 132

MEDITACIÓN BASADA EN LA ATENCIÓN PLENA (MINDFULNESS) 132
MEDITACIÓN DEL SONIDO PRIMORDIAL 134
MEDITACIÓN TRASCENDENTAL 135
MEDITACIÓN ZEN 136
Cómo Practicar La Meditación Zazen *137*

Cómo Salir De Un Estado Meditativo 140

ACEITES ESENCIALES.. 143
CUENTAS DE ORACIÓN BUDISTA O MALAS 145

Parte 1

Introdução

Você pode aprender a meditar! Não é complicado aprender como fazer e há tantos benefícios para a saúde que você seria totalmente maluco em não aprender como meditar.

Quanto tempo você gasta com a sua mente? Isso pode parecer uma pergunta complicada. Embora você tenha respondido a estímulos e tenha criado pensamentos que se originam em sua mente, isso não significa que você esteja vivendo com a sua mente de um jeito consciente.

Pense em todas as vezes que você agiu sem pensar, disse algo que você não quis dizer, ou simplesmente cometeu um erro simples. Sua mente subconsciente está sempre correndo, esteja você ciente disso ou não, e, às vezes, pode ser uma verdadeira distração.

Uma maneira de aumentar sua nitidez mental e foco é através da meditação. Se você acha que não tem tempo para meditar, estou aqui para dizer que você está totalmente enganado! Você pode praticar técnicas de meditação em apenas alguns minutos por dia e sentir os efeitos quase que imediatamente.

Por milhares de anos, as pessoas em todo o mundo têm usado a meditação para se conectar com suas mentes, compreender-se mais e aumentar a capacidade natural de sua mente. Não está ligado a nenhuma religião, e pessoas de todas as raças, religiões, etnias e credos, criam um ato espiritual de meditação.

Desbloquear sua mente permite que você lute contra pensamentos negativos, emoções negativas e crenças negativas. Você usará essa nova atenção plena adquirida pela meditação para desenvolver a felicidade e a paz que você pode acessar a qualquer momento durante o dia, não importando o que aconteça em seu caminho.

Em breve, você entenderá o que é meditação, como é útil e por que é praticada por milhões de pessoas em todo o mundo, todos os dias. Daí em diante, você aprenderá vários truques que o ajudarão a praticar a meditação todos os dias, para que você possa ver, então, como isso muda sua vida.

Depois de obter os fundamentos da meditação, você fará a transição para as técnicas avançadas que fazem uso de todo o seu corpo para alcançar o objetivo de aumentar a atenção plena. Ao seguir com sua meditação, você aprenderá sobre si mesmo, aprenderá sobre a sua mente e como ela é.

Depois de obter os fundamentos da meditação, você fará a transição para as técnicas avançadas que fazem uso de todo o seu corpo para alcançar o objetivo de aumentar a atenção plena. Ao seguir com sua meditação, você aprenderá sobre si mesmo, sua mente e como ela é conectada ao universo. Isso é algo que você não quer esperar mais um dia para entender!

Vire a página e você descobrirá os segredos do processo de meditação.

Capítulo 1: O que é meditação e o que não é

Talvez você tenha experimentado a meditação num primeiro momento e esteja procurando continuar o processo e incluí-lo como parte de sua rotina diária. Ou talvez, você tenha ouvido sobre todos os benefícios da meditação e esteja se perguntando o que é, e o que pode fazer pelo seu bem-estar, mental e físico.

Não importa quanta experiência você tenha pessoalmente com a meditação, é sempre benéfico lembrar-se do que é a meditação e como ela pode beneficiar você no intuito de fortalecer sua prática. Neste capítulo, você aprenderá o propósito da meditação.

Se você é um iniciante em meditação, pode ter um equívoco sobre o que é meditação. Embora a meditação seja um processo simples o suficiente para entender que, a maioria das pessoas, não compreende realmente o que é meditação ou, por que é praticada. Neste capítulo, você descobrirá ações que, muitas vezes, são mal interpretadas como forma de meditação e o que significa realmente meditar.

Espero que traga alguma clareza sobre o assunto da meditação e como você pode usá-lo para afetar positivamente sua vida.

A meditação supera a concentração média.

Quando você se concentra em algo, você está usando o poder mental para se deter nesse assunto durante um período prolongado de tempo. A meditação ajuda você a desenvolver essa capacidade de concentração, mas é muito mais do que isso. Não há necessidade de controlar a mente ou, fixar-se em um certo ponto, enquanto medita.

A meditação também não é relaxamento.

Muitas vezes, uma sensação de calma e relaxamento vem da prática da meditação, mas é apenas um efeito secundário. Quando você relaxa, permita-se concentrar-se em coisas que não são estressantes. Isso refresca a mente e o corpo, e deixa o cérebro ativo, desviando sua atenção para outro lugar. A meditação é muito mais do que apenas relaxamento.

Meditação não tem nada a ver com religião ou práticas religiosas.

Muitas vezes há um equívoco de que apenas certas religiões meditam e estão intimamente relacionadas à oração. A meditação é espiritual, portanto, é submetida por pessoas de todas as diferentes religiões, ideologias e doutrinas. Todos podem experimentar a meditação, independentemente das crenças religiosas.

Pensar também não é meditação, nem a cessação de pensamentos.

Embora a meditação ajude a reduzir a quantidade de pensamentos que surgem em sua cabeça, o objetivo é resolver os pensamentos inconscientes que são fáceis para a mente se fixar. Muitas vezes, pensamentos diferentes preenchem a mente quando há um vazio, deixando nossos pensamentos dispersos, pois surgem da mente inconsciente. A meditaçãoajuda a nos tornar conscientes de nossos pensamentos; e, faz o estado de pensar, um processo consciente.

Então, o que é meditação?

A meditação é o caminho para desenvolver a consciência.

Através da meditação, você começa a se entender internamente e começa a perceber sua verdadeira natureza: que você é Um com o universo. Envolve limpar sua mente e estar no presente - o aqui e agora. É aceitar como tudo realmente é e entender a verdadeira realidade do universo e de você mesmo.

Ao compreender seu verdadeiro Eu e sua conexão com o universo, você começa a se conectar com a realidade não como os outros seres humanos a definem, mas como ela realmente é. A meditação nos dá uma abundância de energia, ajuda-nos a esclarecer nossos equívocos e permite usar nossos sentidos para experimentar o mundo com clareza. Traz paz e amor, cura a mente de pensamentos negativos e equivocados, e devolve a mente a um estado natural de paz e calma.

Ao longo do dia, você experimenta muitos estados mentais profundos e desagradáveis. A qualquer momento, sua mente pode estar em um estado mental de estresse, preocupação, apego, dor ou raiva. Às vezes, esses estados mentais negativos podem produzir a energia negativa na qual nos concentramos e intensificamos durante o dia. Praticar meditação é o remédio para curar nossa mente desses estados negativos.

Você remove os estados mentais negativos de sua consciência, retornando ao momento presente e entendendo que o passado já acabou, e que o futuro, ainda está por vir. Isso elimina a preocupação, a dúvida e o medo sobre eventos passados e futuros, e retorna ao seu estado normal de paz e tranquilidade. Sua mente não está presa constantemente, pensando sobre o negativo e, ao invés disso, está livre de equívocos sobre o seu ser.

Meditação envolve tomar o tempo para relaxar seu corpo, concentrando-se em sua respiração e fazendo todas as suas ações, uma decisão consciente.

É praticado de forma diferente em todo o mundo, com alguns sentados para meditar e outros estando conscientes de que tudo o que você faz pode ser uma forma de meditação. A beleza da meditação é que você é livre para praticar de qualquer jeito que funcione para você.

Há muitos benefícios para a meditação que você descobrirá através da prática.

Um dos motivos é promover um estado mental positivo e sentimentos de felicidade. Melhorar a saúde e aliviar o estresse é outra razão pela qual as pessoas praticam a meditação. Algumas pessoas gostam de ter tempo pessoal para se conectar com seu corpo e mente, para que possam refletir sobre a vida e se preparar para os momentos em que não estão meditando. Você aprenderá sobre todos os diferentes benefícios da meditação em um próximo capítulo.

Outro engano sobre a meditação é que, para fazer o certo, você precisa ter anos de experiência.

Iniciantes encontram tantos benefícios da meditação quanto aqueles que são experientes. É um processo contínuo de autodescoberta que pode alterar seu estado mental em apenas 5 minutos.

À medida que você se acostuma com o processo, poderá aumentar a quantidade de tempo que medita e ajustá-lo à sua programação, independentemente de quão ocupado esteja. Quer seja dedicar algum tempo a centrar-se, ou meditar durante uma hora, ou mais, para se desenvolver e explorar a si mesmo, é sempre algo para o qual pode regressar ao longo do dia.

Espero que isso tenha explicado os fundamentos da meditação. A melhor maneira de entender o que é e como isso é feito, é se envolver com a meditação por si mesmo.

Uma vez que o processo de meditação tenha sido adicionado à sua rotina diária, você experimentará seus efeitos completos e descobrirá como isso é benéfico para você.

Vamos explicar a transição para todas as formas diferentes de você se beneficiar da meditação, no intuito de saber o que almejar.

Capítulo 2: Benefícios Científicos e Esotéricos da Meditação

Agora que você entende o propósito da meditação e entende o que é e o que não é, neste capítulo você aprenderá os benefícios que receberá da meditação. Diferentes pessoas experimentam coisas diferentes através da prática diária, mas, no geral, afeta principalmente o nosso bem-estar, físico e mental. Se você teve doenças físicas, sofreu de doença mental ou está apenas interessado em melhorar sua vida, encontrará a resposta na meditação.

Estudos científicos mostraram que a meditação promove saúde positiva, altera e melhora o cérebro, aumenta seu nível de felicidade, melhora sua vida social e muito mais. Com todos os benefícios comprovados e como é fácil praticar e adicionar a meditação à sua rotina, é uma loucura não participar de alguma forma de meditação diariamente. Vamos discutir os benefícios científicos da meditação, bem como os benefícios esotéricos que você obterá ao praticar a meditação. Aqui estão todas as maneiras que a meditação beneficia você.

Aumenta a função cerebral e imunológica.

Alguns estudos científicos mostraram que existe uma correlação positiva entre funções cerebrais e imunológicas, e a meditação. Apenas um curto período de tempo gasto aumentando a sua consciência através da meditação pode reduzir os efeitos do estresse sobre o corpo e ajudar a combater doenças. Quando você medita, seu corpo produz mais anticorpos que combatem bactérias e vírus. Isso aumenta o sistema imunológico e protege contra doenças.

Reduz a dor

Essa não é a única maneira pela qual a meditação pode melhorar a sua saúde. Está cientificamente provado que a dor e outros sentidos são afetados pelo seu estado de espírito. Concentrando-se na positividade e removendo os estados negativos da mente, você pode reduzir a intensidade da dor crônica, quer seja um iniciante ou um mestre Zen. Embora não elimine toda a dor, reduzirá a quantidade de dor que seu corpo experimenta e reduzirá seu nível de estresse.

Aumenta a felicidade.

Há muitas pessoas no mundo que poderiam usar um pouco de felicidade em sua vida e, se você é uma delas, pode encontrá-la através da meditação diária. Estudos científicos mostraram que há um aumento na atividade do lado esquerdo do cérebro que está associado com felicidade e prazer, e, por sua vez, tem muitos efeitos colaterais positivos. Por exemplo, aqueles que praticam meditação frequentemente encontram novos propósitos na vida, aumentam sua atenção plena e constroem melhores relacionamentos sociais.

Reduz o estresse e os problemas que o estresse leva.

Se você já lidou com problemas relacionados ao estresse, como a depressão ou uma perturbação psicológica, pode curar esses problemas com a meditação. O estresse causa muitos problemas, como raiva, ansiedade e irritabilidade emocional, mas não precisa ser seu estado permanente. Através da atenção plena e consciência do seu verdadeiro Eu, você se desestressa e retorna à sua verdadeira natureza de felicidade e bem-estar.

Constrói Inteligência Emocional.

Você está se perguntando como a meditação pode influenciar sua vida social? Até aqui, você deve ter uma compreensão de como isso aumenta o seu nível de felicidade, o que também afeta o modo como você se conecta e trata os outros. A meditação desenvolve a sua inteligência emocional e sintoniza você com suas próprias emoções e as emoções dos outros.

Aumenta a sua compaixão.

Quando você constrói sua inteligência emocional, isto influencia o nível de sua felicidade e relaxamento, e, também, você constrói um nível de compaixão pelos outros. Conforme sua consciência cresce, a compreensão do sofrimento dos outros, também aumenta. Quando você é compassivo, as funções operacionais e emocionais do seu cérebro são mais desenvolvidas, você é mais altruísta e tem mais facilidade em se conectar com os outros. A compaixão é cultivada através da prática da meditação.

Traz estabilidade cerebral.

A meditação também provou mudar positivamente as regiões do cérebro e aumentar as emoções positivas, manter a estabilidade emocional e aumentar a atenção plena. A atividade cerebral e as funções cognitivas melhoradas, são o resultado direto da prática da meditação a longo prazo. As funções cognitivas, incluindo pensamento, sentimento, sensação e intuição, são todas alteradas para o melhor, através da prática da meditação.

Todos os benefícios discutidos acima são os benefícios, cientificamente comprovados, da meditação. Isso não significa que você não experimentará outros benefícios esotéricos enquanto pratica a meditação diariamente.

Vamos discutir alguns benefícios fisiológicos, psicológicos e espirituais que você pode experimentar da meditação diária.

Tristeza, raiva e depressão são geralmente respostas que vêm de estímulos externos. Eles podem ocorrer subitamente quando algo perturbador acontece em sua vida e, quase, pode parecer, que não há nada que você possa fazer, para não se sentir negativo.

Através da meditação regular, você aprende a não estar ao capricho da sua mente. A meditação permite-lhe compreender os seus pensamentos inconscientes, acalma a sua mente, o que lhe permite reduzir a quantidade de pensamentos negativos que ocorrem e molda a mente de modo a estar, constantemente, cheio de paz, felicidade e compaixão.

Pense na última vez que você ficou realmente chateado. O que desencadeou sua emoção? Foi sua escolha consciente ficar chateada ou aconteceu como resultado de uma determinada ação? Se você de repente ficar com raiva ou deprimido, a meditação o ajudará a controlar melhor a sua mente para não ser influenciada por estados negativos de emoção.

Durante a meditação, você aprende o quanto sua mente inconsciente está tagarelando sem parar e aprende a fazer do pensamento uma atividade deliberada. A partirdaí, você pode separar as respostas negativas que a sua mente naturalmente produz, e aprender a desvincular esses pensamentos do seu verdadeiro Eu, que é cheio de felicidade e paz. Você também aprende a retornar ao momento presente e parar de se preocupar com o que aconteceu no passado, ou o que ainda tem que acontecer no futuro.

Há toneladas de benefícios para a meditação. Alguns foram comprovados cientificamente, enquanto outros não foram verificados pela comunidade científica, mas são sentidos por milhões de pessoas que meditam diariamente.

A melhor coisa a fazer é praticar a meditação por si mesmo e entender como isso afeta você individualmente. A meditação é muito simples de participar e você notará as mudanças nas primeiras sessões.

Capítulo 3: A Postura Ideal, Localização, Tempo e Respiração

Agora que você aprendeu os benefícios da meditação e o objetivo no qual as pessoas ao redor do mundo meditam, vamos discutir a arte da meditação. Neste capítulo, você aprenderá o básico sobre como meditar, bem como dicas para garantir que aproveite ao máximo sua prática de meditação.

Meditação da senciência aberta, a meditação da atenção plena, a meditação guiada, a meditação transcendental e a meditação Vipassana. Há uma variedade de maneiras diferentes de meditar! Há um tipo diferente de meditação para praticamente todas as ocasiões, seja andando, sentado ou meditando embaixo de uma cachoeira.

Antes que você fique muito confuso tentando aprender todas as formas de meditação e quais são as diferenças entre cada uma delas, vamos apenas respirar fundo! Se você aprender os fundamentos da meditação, já saberá mais do que precisa para realizar qualquer tipo de meditação. Vamos discutir os fundamentos da meditação.

Sente-se confortavelmente.

Durante a sua meditação, você deve estar o mais confortável possível. Nessas circunstâncias, eu não estou dizendo para você ficar tão confortável a ponto de se deitar na cama, prestes a cair no sono. No entanto, estou sugerindo que você faça boas escolhas para manter seu corpo relaxado, durante toda a sua prática de meditação.

Entenda a sua respiração.

Respiração conecta a mente, o corpo e o espírito juntos e é um dos principais pontos para se concentrar durante a meditação. Como é uma ação involuntária, a respiração geralmente passa despercebida, embora você esteja fazendo isso o tempo todo. Quando seu corpo está relaxado, sua respiração também. Quando suas emoções estão calmas, sua respiração também está. Uma mente clara também traz uma respiração clara. Se suas emoções, corpo ou mente estão exaltados ou em um ritmo frenético, sua respiração também muda. É por isso que é tão importante escolher uma posição que seja confortável de manter. Isso permite que você retorne ao padrão de respiração normal, que ajuda a melhorar tudo no corpo.

Escolha uma hora.

Como iniciante, você pode decidir começar com 5 minutos de meditação e progredir quando estiver confortável. Em um determinado momento, 5 minutos parecerão muito curtos e você perceberá que está trabalhando em sessões de meditação de 20 minutos, meia hora e até mesmo uma hora. Durante este período, você deve estar confortável e relaxado. Se você escolher uma posição sentada que esteja desconfortável para você, seu foco será tirado de sua respiração e se transformará em quão doloridas estão as suas pernas, ou o quanto você quer se mover e se esticar.

Relaxe seu corpo.

Sempre mantenha o conforto no fundo de sua mente enquanto se prepara para a meditação. Você deve sempre sentar-se com as costas o mais reto possível sem sentir-se desconfortável. Suas mãos devem ser colocadas de uma forma que não cause dor nas costas, ombros ou braços. Sua cabeça deve estar ereta para incentivar a respiração, mas não deve estar em uma posição que seja difícil de manter por um longo período de tempo. Durante a meditação, você perceberá se algo não parece certo para o seu corpo e poderá tomar uma decisão consciente de trocar de posição, no intuito de beneficiar sua prática.

No que diz respeito a suas pernas e pés, se você puder sentar em uma posição de pernas cruzadas, é ótimo. Você também pode usar um tapete, travesseiro ou banco para ajudá-lo a ficar em uma posição confortável. Você pode se sentar em uma superfície, no chão ou até mesmo em uma cadeira. O caminho certo para se posicionar é o caminho mais confortável para você em uma posição vertical. Permanecer na posição vertical ajuda a relaxar e reduz a chance de você adormecer enquanto medita.

Sentar-se em uma cadeira durante a meditação não é trapacear e é recomendado se você tiver problemas sentado de pernas cruzadas ou no chão por longos períodos de tempo. Se você decidir sentar em uma cadeira, sente-se perto da frente do assento sem depender do encosto.

Certifique-se também de que a sua cadeira é de altura padrão, onde os seus pés podem descansar no chão. Usando uma cadeira de apoio, permite que você se concentre em sua respiração sem a necessidade de trocar de posição devido à dor ou desconforto.

Há muitos lugares diferentes onde você pode colocar as mãos durante a meditação, experimente todas as formas possíveise, faça o que for mais confortável para você. Você pode colocar as mãos nos joelhos ou com as palmas da mão para cima ou com as palmas da mão para baixo. Você também pode colocar as mãos no colo e as palmas da mão para cima ou, com os dedos de uma mão sobre a outra, e as pontas dos polegares se tocando.

Entenda gestos de mão.

Outra posição popular é o gesto de oração, onde você coloca as duas mãos juntas perto do peito. Da mesma forma, você pode colocar as palmas das mãos juntas, entrelaçar os dedos e apontar os dedos indicadores para cima. Isso é chamado de posição Uttarabodhi. Existem modalidades diferentes para o posicionamento das mãos, também conhecidas como Mudras, que influenciam a sua meditação.

Aprecie sua meditação.

Durante sua prática, lembre-se de que a meditação não é definida por regras que você sempre deve seguir. Você tem a liberdade e a escolha de tirar o máximo proveito de sua meditação, praticando de uma forma confortável e relaxante para você. Você descobrirá que isso é verdade não apenas para a posição em que você decide meditar, mas também para o local escolhido, o tempo que medita regularmente, e o estilo de respiração que você adota durante a meditação.
Então agora você entende a postura que você assumirá na meditação. Assim sendo, onde você deve meditar? Isso também depende inteiramente de você. Como um iniciante, isso pode ser que não tenha sido definido o suficiente, então vamos abordar o que você deve procurar no ambiente em que você vai meditar. Se você não consegue encontrar o lugar "perfeito" para meditar, comece escolhendo o melhor

lugar possível.

Encontre um lugar que funcione para você.

Eu gosto de meditar em uma sala isolada para que eu tenha um espaço pessoal ininterrupto pelo mundo exterior. Infelizmente nem todo mundo tem esse luxo. Se eu não conseguir encontrar meu próprio quarto, procurarei um local ensolarado, com bom fluxo de ar, e que seja tranquilo, sem barulhos. Se em nenhum lugar no interior do espaço, atende minhas necessidades, ou se for um dia particularmente bonito, meditarei do lado de fora. Quando você escolhe um local para meditar, leve em consideração sua casa, seu ambiente e o tipo de espaço que faz você se sentir mais calmo e relaxado.

Uma vez que você se acostume a meditar dentro de sua casa ou longe do mundo, começará a perceber que as coisas que normalmente são distrações para a sua meditação, irão realmente implementar a sua prática. Você pode meditar em qualquer lugar quando estiver habituado, seja em torno de milhares de pessoas ou em um local barulhento. Tente experimentar a meditação em tantos lugares diferentes quanto possível e descubra o que funciona e o que não funciona para você.

Encontre um lugar que seja novo.

Uma coisa que pode realmente melhorar sua meditação é praticar em um ambiente no qual você pode não estar totalmente confortável. Você aprenderá isso praticando em uma área barulhenta ou, em torno de muitas pessoas, você transcende as distrações, torna-se mais atento ao ambiente e tem uma experiência de meditação mais forte.

Encontre um horário que funcione para você.

Então, quando é o momento certo para meditar? Mais uma vez, isso depende inteiramente de você. Você pode desfrutar de meditar em um determinado horário todos os dias que ajuda você a seguir um determinado cronograma. Um momento ideal para meditar é no início da manhã, quando geralmente é mais silencioso e não há distrações. Algumas pessoas preferem meditar à noite antes de dormir, pois o processo é calmo e relaxante. Idealmente, você deve meditar tanto durante o dia quanto à noite.

Entenda quando evitar a meditação.

Eu gosto de meditar depois de um banho de manhã e antes de comer. Os alimentos podem fazer você se sentir pesado e alterar a sua temperatura interna, o que não é ideal para a meditação. Portanto, você deve evitar meditar diretamente após uma refeição. Essa é realmente a única vez que você não deve meditar. Todos os outros momentos são os melhores momentos para meditar.

Pratique diariamente.

Você descobrirá que a prática diária é a mais benéfica. Duas vezes por dia é o ideal. Você pode até dividir uma longa sessão de meditação em duas sessões separadas para ajudá-lo a se acostumar com osperíodos de meditação mais longos. Pratique quantas vezes quiser durante o tempo que quiser, todos os dias. Nunca há uma desculpa para perder a prática diária, já que você pode encaixá-la na programação mais agitada.

Comprometa-se.

Seja qual for o tempo que você decidir, comprometa-se a praticar meditação uma vez por dia. Na próxima seção, você aprenderá as etapas a seguir para tornar a meditação uma prática diária. A primeira parte da prática diária de meditação é se animar a vivenciar pelo menos uma vez por dia. Pode ser uma meditação curta, de apenas 5 minutos. Se estiver com dificuldades, você pode meditar por 1 minuto! Basta fazer a escolha de praticar todos os dias e firmar com essa escolha.

Pratique a sua meditação em qualquer lugar.

Você pode meditar em casa, no escritório ou até mesmo parar em algum lugar para meditar entre o trajeto diário, por alguns minutos. Eu não quero te dar um tempo definido, porque eu não quero que você invente desculpas ou pense que você tem que meditar em qualquer momento específico. Em vez disso, dedique-se à meditação e pratique em um momento que funcione melhor para você.

O respirar.
Que tal falarmos sobre a respiração ideal para a meditação - tem que haver uma resposta para isso, certo? Ok, você me pegou! Existe uma maneira correta de respirar durante a meditação. Basicamente, você vai querer respirar pelas narinas com a boca fechada durante a meditação. Você também pode colocar sua língua no céu da boca, permitindo que a saliva percorra sua garganta sem precisar engolir.

Durante a sua meditação, você deve respirar naturalmente e não forçar a respiração. Em vez disso, fique atento à sua respiração e observe o seu padrão natural. Se você quiser contar sua respiração você pode, ou, pode simplesmente concentrar em sua respiração naturalmente. De qualquer forma, concentre-se apenas no ar, ao entrar e sair do corpo, pelo nariz. Não acompanhe o caminho do ar através do seu corpo. Apenas observe a respiração e solte-a, deixe ir.

Observe seus pensamentos.

Enquanto você medita, percebe que o seu pensamento se desvia. Quando isso acontece, volte a observar a respiração. Deixe os seus pensamentos desaparecerem e não se preocupe em acompanhar os seus pensamentos, nem se preocupe em ficar frustrada por pensar, em primeiro lugar. É natural e acontece com todos. Em vez disso, apenas se afaste do pensamento e observe a sua respiração.

Permita-se aprender.

Enquanto você está aprendendo o processo de meditação, lembre-se de dar a si mesmo bastante tempo para fazer tudo. Através da paciência e da perseverança, você entenderá o que é ideal para o seu corpo, mente e espírito. Se você estiver disposto a tentar novas posturas, novas posições e se comprometer com a prática diária, descobrirá o que funciona melhor para você em um curto período de tempo. Agora vamos discutir como você pode facilmente tornar a meditação um hábito diário.

Capítulo 4: Como tornar a meditação um hábito diário - definindo objetivos e acompanhando o progresso

Então você está pronto para tornar a meditação um hábito diário e está se perguntando como fazer isso. Neste capítulo, você aprenderá 12 dicas sobre como definir metas de meditação e acompanhar o seu progresso para nunca mais perder um dia, a partir de agora.

1. Torne impossível você falhar um dia.

Como iniciante, não há tempo definido para meditar e você pode fazer isso sempre que a sua programação permitir. Você pode levar as coisas devagar, em princípio, e se acostumar ao processo, com apenas 1 minuto por dia.

Quando você decide meditar por apenas alguns minutos por dia, você se prepara para que você realmente não possa falhar.

Escolha um horário no início que seja menor do que você acha que pode conseguir, apenas para ter certeza de que conseguirá. Dessa forma, você torna impossível perder um dia e pode se encaixar em qualquer horário, não importa o quão agitado for o seu dia. Depois de se comprometer a meditar diariamente, você obterá o hábito muito mais rápido.

2. Aumente sua meditação um pouco todos os dias.

Como você está começando devagar, não há limites para o quanto você pode aumentar a sua prática de meditação. Você não precisa se apressar, mas tente se esforçar para aumentar a quantidade de tempo que medita todos os dias.

Um dia, trabalhe até 5, 10 ou 15 minutos de meditação e veja como isso muda as coisas. Você notará que as horas extras poderão ser muito mais tranquilas no silêncio e que o tempo passa muito mais

rápido do que você imagina. De vez em quando, tente meditar sem usar um temporizador e veja quanto tempo você pode meditar. Quando você testa a si mesmo, empurrando suas habilidades, é quando você faz as melhores descobertas.
3. Divida sua meditação em pedaços.

Se você quiser meditar uma hora por dia, isso não significa que você deve meditar uma vez por dia, por uma hora. Você pode dividir sua meditação em períodos de tempo que somam uma hora. Talvez seja mais fácil meditar duas vezes por dia, durante 30 minutos.

Sua agenda também pode exigir que você medite por períodos mais curtos e com mais frequência. Como você divide o seu tempo depende de você, apenas saiba que você pode dividir a quantidade de tempo que você medita a cada dia e, que períodos curtos e frequentes de meditação, podem vir a aumentar, muito mais rapidamente do que você imagina.

4. Se você falhar, volte para a meditação no dia seguinte.

Na vida as coisas estão destinadas a evoluir. Talvez você tenha esquecido ou simplesmente fique sem tempo durante o dia, para meditar. Se você perder uma sessão ou até mesmo um dia inteiro de meditação, não se arrependa. Basta comprometer-se a tomar medidas no dia seguinte, a fim de voltar no horário.

Se você se lembra de que ainda não meditou durante o dia e normalmente mantém um cronograma apertado, tente largar o que estiver fazendo, e, meditar. Se você fizer disso um compromisso diário e realmente seguir em frente, você tornará esse hábito em frequência diária, rapidamente. Você tem que se comprometer a meditar, não importa o que aconteça em sua vida.

5. Fique no ritmo. Não se queime.

Como iniciante, pode ser fácil se esforçar para meditar e se tornar esgotado. Leve as coisas devagar e só pratique o quanto quiser. A prática de meditação não deve ser estressante, e definitivamente não deve acabar com você. Se você mantiver um cronograma onde você gradualmente aumenta o tempo que medita, você deve ser capaz de torná-lo um hábito ao longo da vida.

6. Decida em um momento.

Escolha um turno que você medite todos os dias, não importa qual o tipo de meditação. Alguns gostam de meditar de manhã, outros preferem meditar à noite. Isso não significa que seja a hora certa para você. Você pode gostar de meditar ao meio-dia, antes de almoçar. Escolha o turno que funciona para você. Depois de escolher a parte do dia, tente meditar todos os dias naquele horário, não importa o que esteja acontecendo em sua vida.

Uma forma de me certificar de meditar diariamente a uma determinada hora é configurando dois alarmes no meu telefone. O primeiro me diz para parar o que estou fazendo e meditar. Quando o segundo alarme dispara, eu alcanço meu objetivo de meditação e posso continuar sentado em paz, ou posso abrir meus olhos e retornar aos meus deveres de onde parei.

7. Relacione a prática diária com uma ação já rotineira.

Talvez você não seja o tipo de pessoa que vive de acordo com as regras estabelecidas e, em vez disso, siga o fluxo. Às vezes você pode não acordar no mesmo horário todos os dias ou adormecer no mesmo horário, mas quer mais regularidade com sua prática de meditação. Em vez de escolher um certo tempo para meditar, você pode definir uma determinada ação que deve ser precedida ou seguida por meditação.

Por exemplo, você pode querer meditar depois de tomar um banho todos os dias. Dessa forma, você se lembra de que, assim que sair do chuveiro, deve meditar. Isso faz da meditação uma parte fluida de sua rotina diária. Você pode até meditar todos os dias antes de comer, por alguns minutos. Quando você tem um gatilho diário, você se lembra, através de suas ações, em criar o tempo para meditar.

8. Seja mais consciente durante toda a sua rotina normal.

Lembra de todos os diferentes tipos de meditação para cada ocasião? Você pode fazer praticamente qualquer coisa e estar em um estado meditativo e não precisa apenas meditar sentado no chão com os olhos fechados. Você pode decidir adicionar a meditação a tudo o que fizer, ficando mais consciente da situação, percebendo sua respiração e estando no momento.

Se você está andando em algum lugar, perceba todos os seus sentidos. Seja um com o seu entorno e tome nota do que você ouve, vê, cheira e sente. Quando você está comendo, em vez de se distrair com a televisão ou com o celular, fique atento à sua comida. Tenha consciência do que você está fazendo, cheirando, saboreando e sentindona sua comida e experimente a atenção plena de uma maneira nova. Ao adicionar atenção à sua rotina diária, você também adiciona meditação aos seus afazeres.

9. Faça isso, não importa em que circunstância você esteja

Se você é como a maioria das pessoas, você não é produtivo a cada minuto do dia. Quando você perceber que não está sendo produtivo, tente se encaixar em alguma meditação. Se você é produtivo 24/7 considere fazer uma pausa, meditando e relaxando um pouco. É ótimo para relaxar e refrescar a sua mente para que você possa voltar ao trabalho.

Às vezes a vida fica agitada e é fácil pular a meditação. Para se dedicar à sua prática de meditação, você deve se comprometer a fazer isso todos os dias, não importa o que esteja acontecendo em sua vida. A meditação é ótima durante momentos estressantes e agitados, e pode ajudá-lo a passar o dia, com mais atenção. Se você se comprometer a praticar durante os tempos difíceis, será mais fácil meditar regularmente.

10. Seja teimoso com a sua meditação

Isso é muito semelhante a praticar meditação, não importa em que circunstância você esteja. Permita-se ser teimoso sobre meditação e coloque-a antes de todas as suas outras tarefas. Aproveite o tempo para si em que você se presenteia a cada dia, dando-se a chance de meditar, não importa o quê. Isso vai melhorar o seu dia e tornar você uma pessoa muito mais amorosa e carinhosa.

11. Medite quando você perceber que está distraído

Não é fácil ficar sempre na tarefa e, especialmente com a tecnologia moderna, pode ser fácil se distrair com as grandes notícias, a televisão ou a Internet. Quando você perceber que tem um momento livre em que não está fazendo nada significativo, troque as marchas e medite. Vai ser muito mais benéfico para você e é uma maneira de garantir que a sua prática de meditação se torne um hábito diário.

12. Use um calendário.

Todos os dias que você meditar, marque um dia no seu calendário. Esse truque simples funciona e você nunca esquecerá se meditou um dia, ou não. Isso também é ótimo para saber quando você precisa se tornar mais consciente de como está gastando o seu tempo, pois, se você se esquecer de meditar, provavelmente estará reagindo ao seu dia, em vez de ser proativo. Usar um calendário também é um ótimo visual que garante que você pratique pelo menos uma vez por dia. Tente fazer um mês inteiro assim, sem perder um dia, e faça algo especial para você, como uma recompensa, quando alcançar o seu objetivo.

Se você empregar alguma dessas técnicas, você certamente tornará a meditação diária um hábito muito mais fácil do que o esperado! O principal é se comprometer com a sua prática diariamente. Dê o primeiro passo para o sucesso diário e descobrirá que é fácil mantê-lo por toda a vida.

Capítulo 5: Primeiros Passos - Noções Básicas de Meditação (o que fazer depois de fechar os olhos)

Neste capítulo, você aprenderá os passos da meditação e algumas coisas para estar atento, em saber se está meditando corretamente. Aqui está um guia passo a passo para meditar. Lembre-se de fazer o que é mais confortável para você.

1. Sente-se confortavelmente no chão, em uma cadeira
Escolha uma postura para sentar e manter durante o curso de sua meditação. Use quaisquer almofadas, cadeiras, bancos ou tapetes que você precisa para se sentir confortável.

2. Feche os olhos (ou mantenha-os entre abertos).
Não force os seus olhos a fazer nada. Se eles abrirem um pouco, deixe-os abertos pois, ainda, é possível praticar a meditação com os olhos abertos, e muitas pessoas

praguejam isso. O principal é relaxar independentemente de seus olhos estarem abertos ou fechados.

3. Coloque as mãos de uma maneira que suas mãos e braços estejam relaxados. Algumas posições básicas são para colocar as mãos em uma posição de xícara perto do seu abdômen. Você também pode colocar as palmas das mãos voltadas para cima ou para baixo, perto dos joelhos. Se sentir alguma dor nos ombros ou braços, mova as mãos para uma posição confortável.

4. Decida onde colocar o seu foco. Isso pode estar na sua respiração, um objeto visual se você estiver mantendo os olhos abertos, um mantra, uma visualização, etc. Seu foco deve estar aberto, em uma forma ampla, significando que você está ciente de tudoque acontece ao seu redor e dentro de sua mente. Se a sua mente entrar em pensamentos

aleatórios ou se distrair com o som, volte ao que você está focando e use-a para fortalecer a sua meditação.

5. Fique no momento - sua mente irá vagar.
Apenas deixe acontecer. Permita-se descartar pensamentos que estão no passado ou no futuro. Volte para a sua área de foco ou confie na sua respiração. Confie em seus sentidos para entrar em contato com o seu corpo e como você se sente a cada momento durante a sua meditação.

6. Sente-se e observe.

7. Termine a meditação lentamente.

Permita-se voltar à realidade antes de se levantar ou andar por aí. Uma vez que você tenha decidido que a meditação terminou, você pode levar o seu tempo e relaxar em uma posição sentada ou você pode deitar-se e tomar nota de como você se sente após a sua prática.

Essas 7 etapas são o processo da eficácia em meditação. Como iniciante, pode ser difícil fazê-lo por mais de 5 minutos.

Não se preocupe com o período de tempo meditado no início e, em vez disso, comprometa-se a aprender e desenvolver o processo. À medida que você melhora, você pode aumentar o tempo que medita e atingir o objetivo que almeja para si.

Capítulo 6: Estou perdendo meu tempo? Como eu sei que estou meditando?

Durante o processo, você pode se perguntar o que deve sentir, experienciar ou perceber para saber se está agindo corretamente. Não olhe para a meditação como uma certa experiência. Em vez disso, esteja aberto para o que quer que aconteça durante a sua prática. Se você está seguindo o processo, não há como você estar fazendo isso incorretamente.

Um dia você pode ter uma experiência maravilhosa durante a meditação e procurar a mesma experiência da próxima vez que meditar. Se você não experimenta as mesmas coisas todos os dias, não é um problema. Permita-se sentir os altos e baixos da meditação, assim como você faz, com os altos e baixos da vida. Com o tempo, você superará esse estado normal de consciência e transcenderá o que achava ser possível.

Aqui estão algumas experiências que podem acontecer durante a meditação:

1. Maior consciência durante a meditação

Quando você medita, você experimenta diferentes níveis de consciência. Você usará a mente consciente para destacar algumas das suas experiências durante a meditação do seu verdadeiro eu. Por exemplo, você pode perceber que a mente subconsciente é o que causa toda a tagarelice durante o processo. Você não é esta mente subconsciente, nem seu corpo, mas sim, a mente inconsciente em que você descobrirá, através da meditação. Você se torna consciente disso, através da consciência na meditação, o que leva ao despertar e à descoberta do seu verdadeiro potencial.

2. Observação destacada

Você não é os seus pensamentos ou a sua mente. Você pode observar os seus pensamentos; você pode vigiar a sua mente. Não faça julgamentos nem críticas sobre o que você está pensando durante a meditação. Lembre-se de se concentrar na respiração e, com o tempo, seus pensamentos cessarão. Quando você pode se desligar do pensamento, você fez um grande avanço em sua meditação.

3. Maior tranquilidade

Seus pensamentos, sons e distrações não afetam você. Através do cultivo da mente, você descobrirá a sua verdadeira natureza. Essa é uma paz pura, calma, tranquila e serena. Em um determinado momento, não importa o que aconteça em sua meditação, você poderá manter a calma e a paz. Você notará que qualquer ansiedade ou estresse desaparecerá quando você se tornar essa paz pura.

4. Conexão com todos.

Você é um com tudo no universo. Você pode perceber esse sentimento imediatamente em sua meditação, ou pode demorar um pouco para se desenvolver e crescer, a partir de sua prática. De qualquer forma, você pode dizer se a sua meditação está indo bem, é se você sentir uma nova sensação de conexão com tudo.

5. Descobrindo o Ser eterno

Depois de entender que você está conectado com o mundo, você também aprenderá que é um ser eterno. Enquanto houver outros seres vivos que experimentam a consciência, você também está vivo. Você, em seu núcleo, é muito mais do que os pensamentos ou seu corpo físico. Você está conectado com tudo o que é consciente e continua a viver, tanto quanto eles.

6. Paz e boa vontade para todos

Depois de entender sua conexão com todos os seres, você entenderá a importância de ser pacífico e bom para tudo o que é vivo. A vida de outros humanos, plantas e animais é o que garante que todos prosperem na vida. Em sua meditação, você pode experimentar uma enorme sensação de paz e boa vontade para todos os seres.

Se você não tem todas essas experiências durante a meditação, não se preocupe se elas não estão indo bem ou se você não está se desenvolvendo! Cada pessoa tem uma experiência diferente e deve aceitar as coisas como elas vêm. Não há bagunça na meditação. Mesmo que você não experimente nenhum dos itens acima, pode haver alguns sinais ocultos de que a sua meditação está indo melhor do que o esperado. Pergunte-se depois de fazer da meditação um hábito diário:

7. Outras pessoas notam mudanças em você?

Já que todos mudam no dia-a-dia, você pode não perceber todas as formas que mudou desde que aprendeu a meditar. Pergunte a alguns amigos próximos se eles notaram algo diferente sobre suas ações. É provável que eles descubram coisas que você pode ter perdido em si mesmo.
8. Você notou mudanças em seus pensamentos, concentração ou consciência após a meditação?

É comum que as pessoas se tornem mais pacíficas, mais compassivas, menos estressadas e menos ansiosas enquanto praticam a meditação diariamente. Realmente pense em todas as mudanças que você percebe por causa da meditação para descobrir como isso está afetando você pessoalmente. Você já notou alguma mudança positiva?

9. Você está mais ciente da sua postura?

Talvez durante o dia você esteja mais ereto. Talvez você costumava estar em uma posição de desleixo e, agora, você se senta corretamente. Como você está focado na respiração e certificando-se de que está respirando adequadamente durante a meditação, é fácil levar esses bons hábitos para outras áreas de sua vida também. Uma maneira pela qual a meditação pode ter um efeito positivo é melhorar a sua postura.

10. Você está mais ciente das escolhas que você faz?

Uma das mudanças mais comuns que a meditação traz, tem a ver com a consciência. Ao longo do dia, você notará que as coisas que normalmente o incomodariam, mal o incomodam. As escolhas que você faz podem ser mais conscientes e planejadas. Como sua consciência mudou desde a prática da meditação?

Ao meditar com mais frequência, você deve ser capaz de identificar como isso está mudando você. Quando você começa, não se preocupe muito em fazer certo ou errado e, em vez disso, apenas experimente o processo. À medida que você melhora a prática da meditação, notará mudanças internas,em que sinalizarão que você está fazendo de uma forma acurada. Não deixe que você pare de meditar se você não notar as mudanças imediatamente, em vez disso, se comprometa com o processo e continue praticando a cada dia. Todo mundo tem seu próprio tempo, permita que o seu, venha naturalmente.

Capítulo 7: Meditação para promover uma paz interior duradoura

Quando você começar a praticar a meditação pela primeira vez, poderá notar como tudo está sempre ativo e ocupado. Sua mente inconsciente está constantemente pensando. As pessoas estão sempre ocupadas preenchendo suas vidas com trabalho e atividades. Há constantemente contas a pagar, prazos a cumprir e compromissos a definir. Como as pessoas parecem estar infelizes se não estão preenchendo o seu tempo com algo, elas levam uma vida que quase parece uma corrida de longa distância. Há uma resposta para esse problema, que permite que você encontre esta paz interior duradoura. Neste capítulo, você aprenderá por que a meditação proporciona a paz interior de que você precisa e como você pode retornar a um estilo de vida menos estressante e menos agitado.

Nesta seção do livro você aprendeu técnicas de respiração e habilidades de meditação para observar de perto, entender e moldar a mente. Através do foco contínuo na respiração e meditação você pode relaxar e ficar longe de todos os problemas agitados do mundo. Fortalece a mente para ajudá-lo a enfrentar qualquer coisa e permite que você recarregue. Meditando, você pode obter todas as habilidades necessárias para cultivar uma paz interior duradoura.

Quando você está meditando, reflita sobre o significado da sua vida. Qual é o objetivo final que você está tentando alcançar? Quando a sua vida tem um propósito e um objetivo, você pode alcançar a tranquilidade. Sem um objetivo de vida, tudo o que você faz não tem sentido, e pode ser fácil se sentir perdido, e como a sua vida não tem propósito. Medite em seu propósito e permita que ele chegue até você, através do pensamento contínuo, durante a meditação.

Quanto tempo você está tomando para si todos os dias? Antes de começar a meditar, seu tempo sozinho pode ter sido inexistente. Agora você tem períodos de tempo ao longo do dia em que pode gastar o tempo necessário para refletir sobre os seus pensamentos, limpar sua mente e reduzir o estresse. Todo mundo precisa de refúgio do mundo de vez em quando, e a meditação é uma maneira de você conseguir tempo para si mesmo.

Com essas vidas agitadas que todo mundo vive, não é incomum que as pessoas tenham perdido sua conexão com a natureza. Reconectar-se com o exterior e o seu ambiente pode ter um grande impacto na quantidade de paz interior que você tem. Sempre que for agradável do lado de fora, tente meditar ao ar livre, à luz do sol. Qualquer lugar é possível, tente e medite em diferentes ambientes e verá como isso afeta a sua paz interior.

Através da sua prática diária, você aumentará a atenção e conscientização. A maioria das pessoas passam o dia no piloto automático e se deslocam de um lugar para outro sem ter consciência de suas decisões. A consciência de suas ações traz paz interior e é cultivada através da meditação. Onde quer que você esteja, esteja ciente do que está ao seu redor. Observe os pequenos detalhes que você ignorou. Seja consciente do que você está fazendo, do que você está comendo e de onde você está. Olhe para toda a imagem e veja se você pode descobrir algo em seu entorno que seja novo. Desenvolver a atenção plena e a consciência constante, ajuda-o a alcançar uma paz interior duradoura.

Você está se sentindo particularmente estressado hoje? Experimente esta meditação para se permitir relaxar e espalhar a paz não só em si mesmo, mas também em todos os seres vivos:

1. Use a posição de meditação padrão que aprendeu na seção de postura ideal.

Sente-se de modo a ficar confortável, no chão, numa cadeira ou usando um banco ou uma almofada.

2. Relaxe o corpo.

Você pode se mover e se ajustar sempre que precisar. O principal objetivo é encontrar uma maneira de se sentar confortável e ajudar você a relaxar.

3. Mergulhe em paz.

Concentre-se no centro do seu corpo e continue a relaxar o corpo e a mente. Observe a respiração e volte a ela sempre que notar os seus pensamentos correndo sobre o estresse do dia. Deixe tudo ir e apenas observe como o seu corpo está relaxado e como as suas preocupações estão se afastando. Observe seus pensamentos e seja neutro para com eles, prestando atenção ao seu relaxamento.

4. Continue observando o seu corpo e relaxe.

Seu corpo entrará em um momento de verdadeira paz e felicidade. Esta é a sabedoria interior que você pode voltar a qualquer momento, através da meditação, sempre que estiver se sentindo estressado com o mundo. Essa sabedoria interior está dentro de todo ser vivo e pode promover a paz interior, a felicidade e a positividade. Com isso, sua mente ficará clara, pura e cheia de paz.

5. Compartilhe sua sabedoria interior.

Tire algum tempo depois de ter

encontrado a sua paz interior e felicidade para compartilhar com o mundo. Em sua mente, conecte-se com todos os seres vivos, todas as criaturas e tudo o que vive para dar-lhes uma parte de sua felicidade ilimitada. Imagine que ela se expande do centro de seu corpo por todo o mundo e preenche todo o espaço com nada,além de felicidade e paz. Conecte-se com todos, em todos os lugares, para ajudar a inibirpreocupações, medo, ganância e raiva. Através disso, você pode trazer paz interior não só para si mesmo, mas também para o resto do mundo.

6. Acrescente uma oração no final de sua meditação para realmente desejar a paz e a felicidade de todos os seres vivos.

Entenda que essa felicidade vem de dentro de você e que deve ser compartilhada com o mundo ao longo do dia com cada interação que você tem. Você tem o poder de mudar o mundo para melhor e pode fazê-lo com uma sessão de meditação, a cada vez.

Capítulo 8: Como nunca mais sentir estresse e ansiedade

Estresse e ansiedade são sentidos por milhões de pessoas em todo o mundo todos os dias, mas não precisa ser assim. Se você pensar sobre isso, ambos estão ligados ao mesmo problema, sendo um pensamento muito focado no passado ou no futuro. Neste capítulo, você aprenderá como remover o estresse e a ansiedade de sua vida e como mantê-lo afastado todos os dias, a partir de agora.

Através da meditação diária, você descobriu sua mente inconsciente e percebeu com que frequência ela está envolvida no diálogo com você. É essa mente inconsciente que também provoca estresse e ansiedade. Se você quiser remover a quantidade de estresse e ansiedade que sente durante a vida, tudo o que precisa fazer é mudar a forma de pensar por meio da prática contínua de meditação.

O que é estresse? É uma resposta negativa

no corpo a fatores estressantes externos. Causa ansiedade, ataques cardíacos, derrame e muitos outros sintomas físicos no corpo. Esse estressor externo nem precisa ser uma ameaça real; pode ser algo que você percebe como sendo um problema para você ou o seu ego. A boa notícia é que, como o estresse acontece em seu corpo como resultado do estímulo externo, você pode controlar os níveis de estresse e aprender a superá-lo.

Quando foi a última vez que você ficou estressado? As chances são de que, durante esse período de alto estresse, você esteja pensando muito sobre seus problemas, preocupações e estressores. Provavelmente não foi o estressor real que estava afetando o seu nível de estresse, mas sim seus pensamentos sobre a situação que fazem com que seu corpo se sinta mal. Para combater o estresse, você só precisa treinar os seus pensamentos, mudar as suas percepções e abandonar os pensamentos e sentimentos negativos que não estão servindo bem a você.

Aqui estão algumas dicas para remover o estresse de sua mente usando a meditação:

1. Mova-se mais!

O movimento ajuda a reduzir o estresse, altera seus hormônios e faz pensar em outras coisas. Uma maneira de adicionar movimento à sua meditação é participar da yoga, antes de qualquer outra atividade física. Permita-se alongar, manter poses e respirar profundamente enquanto se move. Você também pode participar de outras atividades, como correr, nadar e alongar antes de meditar. Qualquer coisa que te levante e se mova ajudará a combater o estresse.

2. Concentre-se na respiração.

Quando você está estressado, o mesmo acontece com a sua respiração. Retorne ao normal notando o quão rasa e ansiosa está a sua respiração, e concentre-se em respirar profundamente a ponto que enchao corpo de relaxamento e paz. Ao meditar, volte para a respiração e permita que os pensamentos negativos desapareçam. À medida que a respiração estabiliza, a mente e o seu estresse também não serão um problema.

3. Esteja atento

Muitas das coisas que o atormentam realmente não são tão sérias o quanto parecem. Meditação ajuda você a mudar a mente para que você possa ver as coisas de uma nova posição. São os pensamentos que provocam o estresse em seu corpo. Quando você consegue enxergar além do estresse e pensar no que está causando o estresse, é possível encontrar uma solução para os seus problemas e permitir que tudo passe. A meditação permite que você seja mais consciente sobre o que você está estressado. Volte ao seu espaço de meditação sempre que precisar pensar em algo que o afete negativamente.

Ansiedade é muito semelhante ao estresse, como também é uma resposta negativa que ocorre no corpo devido ao pensamento. Normalmente, um pensamento ansioso é aquele que está preso em algo que está no passado ou no futuro. Uma maneira de remover essa ansiedade é meditando para retornar ao momento presente, o aqui e agora que sempre parece escapar de nós.

Mindfulness, ou seja, atenção plena, também ajuda você com quaisquer problemas de ansiedade. Quando você está consciente de que é muito maior do que seus pensamentos e sentimentos, e é capaz de separar sua verdadeira natureza daquelas coisas que fazem você se sentir ansioso, você pode retornar a um estado de felicidade e paz. Se você não dedicar tempo para desenvolver a atenção plena enquanto estiver ansioso, continuará a se preocupar com as coisas que aconteceram no passado e com as hipóteses do futuro.

Através da atenção plena e meditação, você também aprende a aceitar os seus problemas. À medida que você escapa do pensamento que é definido em ações passadas ou possibilidades futuras, você é capaz de entender que a sua situação atual está enraizada no presente. Qualquer coisa que você veja como um problema é porque você supervalorizou os pensamentos que os tornam assim.

Use a meditação para aterrar você de volta ao momento presente. Você perceberá que as coisas estão bem agora, ao se concentrar na respiração e no relaxamento. Ele acalma a mente subconsciente que está constantemente pensando em outros momentos, permite que você ganhe objetividade e lhe dá uma perspectiva sobre as coisas que estão lhe deixandoansioso.

Meditação não pode impedi-lo de sentir todo o estresse nem pode remover toda a ansiedade que você sente. Em vez disso, ele pode ser usado como uma ferramenta poderosa para identificar o que está criando essa resposta em sua mente e ajudá-lo a eliminar o problema subjacente, seu pensamento. Sempre que estiver se sentindo particularmente estressado ou ansioso, retorne ao momento presente, através da meditação, e permita-se perceber que você é muito mais do que os seus problemas atuais. Através da meditação, você encontrará uma maneira de superar tudo o que está fazendo com que você se sinta ansioso e estressado.

Capítulo 9: Técnicas Avançadas para Meditação Mais Profunda

Se você procura uma maneira de aprofundar a prática da meditação e desenvolver suas habilidades, às vezes pode se sentir limitado pela prática diária e desejar algo mais. Este capítulo irá discutir técnicas avançadas para uma meditação mais profunda, para que você possa obter o máximo benefício de sua prática.

Se você está pronto para ficar longe de tudo e se concentrar em si mesmo, então um retiro é a resposta que você está procurando. Os retiros de meditação são experiências incríveis, nas quais você é capaz de se conectar consigo mesmo, um grupo de pessoas de pensamento semelhante e receber instruções de meditação com outras pessoas. Retiros são maravilhosos para aqueles que são novos na meditação e aqueles que têm mais experiência.

Em um retiro, você construirá a atenção em qualquer lugar, de uma semana a dez dias. Não há nada para distraí-lo em um retiro, e você está livre para se concentrar, em sua respiração e na conexão com o ambienteao redor. Ele permite que você construa uma mente afiada em ser preenchida com amor, compaixão e bondade. Através da prática diária, você aprende a encontrar paz interior, liberdade interior e libertação.

Existe uma forma de meditação chamada Vipassana, que é uma das técnicas de meditação mais comuns da Índia. Ela é ministrada em cursos de dez dias em todo o mundo, gratuitamente. Existem locais na Ásia, América do Norte, América Latina, Europa, Austrália, Oriente Médio e África. Qualquer pessoa é bem-vinda para participar de um retiro de Vipassana sem nenhum custo, uma vez que todas as despesas são pagas através de doações de pessoas que completaram o curso anteriormente.

Há mais de 2500 anos, o Buda Gautama redescobriu a técnica de meditação Vipassana com o objetivo de encontrar a liberação total e a plena iluminação. Embora os budistas o tenham criado, qualquer pessoa é bem-vinda para praticar essa forma de meditação e, como é meditação, não tem vínculos com a fé.

Para ser admitido no curso, você deve concordar em seguir certas regras. Há um código de disciplina que aborda a conduta moral, conhecido como os preceitos que todos os que frequentam o curso devem seguir. Todos os membros do curso devem realizar os primeiros 5 preceitos, e os outros 3, devem ser realizados por qualquer pessoa que tenha concluído o curso antes. Eles são:
1. Abster-se de matar qualquer ser
2. Abster-se de roubar
3. Abster-se de toda atividade sexual

4. Abster-se de contar mentiras
5. Abster-se de todos os intoxicantes
6. Abster-se de comer depois do meio-dia
7. Abster-se de entretenimento sensual e decorações corporais
8. Abster-se de usar camas altas ou luxuosas

Além de seguir os preceitos, todos os alunos devem seguir as orientações e instruções dos professores, não praticar outras práticas espirituais durante o curso, observar o Nobre Silêncio durante todo o curso (o que significa que nenhuma forma de comunicação é permitida a qualquer aluno) e não pode se envolver em música, leitura, escrita ou outras formas de entretenimento.

Dentro deste curso de dez dias, você aprenderá como se concentrar na respiração, observar o corpo, desenvolver a equanimidade, não importa o que esteja ocorrendo na mente, aprender a meditação Vipassana e aprender a meditação da bondade amorosa. Não é um processo fácil e requer muita autodeterminação, mas quando você termina os dez dias de meditação, desenvolve uma mente mais forte e saudável.

Eu entendo que você pode querer fortalecer sua prática de meditação sem fazer um compromisso de dez dias em praticar, nada além de meditação, e viver em silêncio. Talvez você precise trabalhar um pouco e, em vez disso, quer ganhar mais da sua prática de meditação em casa. Se este for o caso, você apreciará a meditação Satipatthana.

O objetivo da meditação Satipatthana é aumentar nossa atenção plena e experimentar apenas o momento presente. Com a meditação Satipatthana, você se concentra em cada experiência que tem, com o foco do laser. O que quer que venha à sua mente, você se concentra no objeto em que está focando a atenção. Você deve se concentrar em tudo o que sente, percebe e pensa do começo ao fim de sua meditação.

Assim como a sua prática de meditação comum, você deve sentar-se confortavelmente e relaxado. Durante o tempo que você se senta e observa, é imprescindível trazer consciência para tudo que está ocorrendo em sua existência física e mental. Aproveite a experiência e deixe a sua consciência ser enérgica e entusiasmada. Você saberá que está certo, quando souber de tudo que acontece com você, de um momento para o outro.

Depois de ter experimentado a meditação Satipatthana, use-a sempre que quiser ter uma conexão mais profunda com o seu corpo. Use-o para construir a meditação Vipassana em um retiro e sua mente, corpo e espírito se desenvolverão juntos, e fortalecerão, toda a prática de meditação.

Capítulo 10: Prática de Meditação Continuada

Neste capítulo, você aprenderá algumas técnicas para continuar com a sua prática de meditação, mesmo depois de ter aprendido a meditação Vipassana e Satipatthana. Isto é, para pessoas que praticam regularmente e querem aprofundar o seu aprendizado e crescimento.

A maioria das pessoas que meditam regularmente não precisam dedicar mais tempo à sua prática diária, pois já é uma parte importante de sua rotina diária. Em vez disso, elas procuram se conectar com a respiração e a consciência delas em um nível mais profundo. Existem diversas técnicas avançadas de meditação que permitem que você se aproxime do corpo e da mente para desenvolver mais consciência. Pratique essas formas de meditação por alguns meses e veja como sua experiência com a meditação muda.

Técnica de Meditação dos Chakras

Existem sete Chakras no corpo que regulam seus centros físico, mental e emocional. Através da meditação, você pode restaurá-los e devolvê-los ao equilíbrio, a fim de encontrar paz e energia interior.

O Chakra da Coroa está localizado no topo da cabeça e desenvolve a divindade, a iluminação e a percepção durante a meditação. Você pode se concentrar nesta área para ajudá-lo a viver no momento presente, desenvolver a consciência e encontrar significado e inspiração na vida. Está associado à cor violeta e ao elemento "pensamento".

O Chakra da Testa está localizado na testa. Este Chakra também é chamado de Chakra do Terceiro Olho e, através da meditação, desenvolve a sabedoria, tomada de decisão e capacidade de pensar. Concentre-se neste chakra do seu corpo para obter compreensão, inteligência e sabedoria. Está associado à cor índigo e ao elemento "luz".

O Chakra da Garganta fica na base da garganta e, através da meditação, desenvolve a comunicação, a expressão de si mesmo e a veracidade. Concentre-se nesta área para desenvolver as suas habilidades de tomada de decisões, para se tornar mais criativo e para construir uma autoridade pessoal. Está associado à cor azul e ao elemento "éter".

O Chakra do Coração está localizado no seu peito. Desenvolva amor, conexão e paz interior meditando no seu Chacra do Coração. Concentre-se nisso para construir segurança de si, confiança, para aumentar sua abertura e conexões com os outros. Está ligado à cor verde e ao elemento "ar".

O Chakra do Plexo Solar está localizado em seu abdômen e meditar nessa área ajuda a aumentar sua confiança, encontrar autoestima e assumir o controle de sua vida. Se você tiver alguma dificuldade em aceitar críticas, quiser reduzir seu ego ou lutar com questões de poder pessoal, você deve se concentrar nessa área. Está ligado à cor amarela e ao elemento "fogo".

O Chakra Sacral está localizado no umbigo. Medite nesta área para construir uma conexão mais forte com os outros e aceitá-los como eles são. Concentrar-se nessa área ajudará você a se sentir mais à vontade, provocar uma sensação de abundância e estará conectado à nossa criança interior e criatividade. Está ligado à cor laranja e ao elemento "água".

O Chakra da Raiz está localizado na base da coluna e, cultivar essa área, através da meditação, traz uma sensação de conexão com o mundo. Concentre-se nessa área para se sustentar financeiramente, construir uma conexão com seus amigos e familiares e aumentar sua consciência de sobrevivência. Está ligado à cor vermelha e ao elemento "Terra".

Então, como você medita nessas áreas onde os Chakras devem devolver o equilíbrio ao seu corpo? Aqui está um guia passo-a-passo de como você pode praticar a meditação dos Chakras:

1. Determine em qual chakra você quer se concentrar dependendo da área que deseja melhorar em sua vida.

2. Concentre-se no local do corpo desse Chakra enquanto faz seus exercícios normais de meditação.

3. Sinta a cor associada a esse Chakra e visualize-a abrindo essa área do seu corpo.

4. Pense na cor e mantenha a concentração nessa área do corpo, permitindo que ela se cure. Você pode sentir calor ou uma sensação de formigamento nessa parte do corpo.

5. Concentre-se em todas as áreas do seu corpo e sinta a energia que vem da raiz do corpo até o topo da sua cabeça. Com cada respiração, visualize mais e mais energia sendo enviada para seus Chakras. À medida que você se concentra, cada vez mais na energia que está recebendo, sinta a luz de cada área irradiando para fora do seu corpo e crescendo em pura luz.

6. Agora, concentre-se em cada Chakra em seu corpo e anexe-o à cor apropriada do Chakra. Isso irá manter todas as áreas do corpo energizadas e corrigir o corpo, como um todo. Continue respirando profundamente.

7. Quando tiver terminado, retome sua meditação normal e concentre-se na respiração. Você notará que certas áreas do corpo se sentem mais vivas e enérgicas durante esse processo.

Com a prática concentrada em seus Chakras, durante a meditação, você poderá concentrar a atenção e energia em áreas do seu corpo que parecem estar faltando. Você também pode ficar atento a um certo Chakra do seu corpo para ver como ele muda a sua percepção durante o resto do dia. Concentre-se em certas áreas do corpo para influenciar sua vida de uma maneira positiva e aproveite o crescimento que você é capaz de alcançar com essa técnica avançada de meditação.

Capítulo 11: Descobrindo Suas Forças Internas

Muitas vezes, as pessoas só olham para as coisas negativas da vida, esquecendo todas as coisas maravilhosas que fizeram e realizaram. A meditação permite que sua "mente de macaco" pare de se concentrar no negativo e reduz a quantidade de energia que você coloca em coisas que não estão fazendo de você um ser humano melhor e mais amoroso. Neste capítulo, você será lembrado de sua força interior e de como poderá usar seus pontos fortes, para melhorar o mundo.

Durante a prática da meditação, você descobrirá o seu verdadeiro eu. Isso é quem você é em seu núcleo. É cheio de amor, luz e felicidade. Use a meditação para retornar a este lugar de paz interior final. Quando você trabalha em sua mente através da meditação, você descobre todos os traços positivos que ignorou e, redescobre suas forças internas.

Através da meditação, você pode formar uma conexão espiritual mais forte e encontrar um propósito maior na vida.

Todas as coisas que você fez na vida fazem de você quem você é. Reconecte-se com as coisas maravilhosas que você fez para si e para os outros. Quando você forma uma forte conexão espiritual, desenvolve essas forças e aprende a ampliá-las para beneficiar o mundo.

Então, o que é possível fazer para descobrir as suas forças internas através da meditação

1. Torne-se um farol de positividade

Use a meditação para mudar quaisquer crenças negativas sobre você ou sobre o mundo e use-a para ver o que é bom. O universo está constantemente nos trazendo mensagens e oportunidades positivas, mas você precisa estar disposto e aberto a aceitá-las. Não bloqueie a mente com emoções negativas, em vez disso, seja um farol de positividade, esperança e amor.

2. Cultive a atenção plena

Cultive a atenção plena que você recebeu durante a meditação para fazer algo de bom para os outros. Talvez haja algo que você goste de fazer ou uma ideia que teve, mas que está adiando por um tempo. Agora é hora de voltar a isso e usá-lo para tornar o mundo um lugar melhor. Isso fortalecerá as suas habilidades, e, lembrará a si mesmo que podes fazer qualquer coisa que você queira.

3. Refletir sobre a vida

Decida onde sua vida está indo e se você tem uma visão diferente de onde gostaria que a sua vida estivesse, faça as mudanças necessárias para viver em um ambiente positivo. Tudo o que você faz, dos alimentos que você come, para as pessoas que estão ao seu redor no dia-a-dia, influenciam como você se sente em relação a si mesmo e a força de sua meditação.

4. Cultive relacionamentos

Cresça os seus relacionamentos com os amigos e familiares que o inundam de amor e felicidade. Retorne o favor a eles, lembrando seus entes queridos de suas forças internas, e lembre-os de que não importa o que esteja acontecendo em suas vidas, eles têm o poder de crescer e alcançar algo maior. Cerque-se de pessoas positivas que fazem você se sentir feliz, amado e motivado, e você perceberá que toda a sua vida muda, incluindo a sua prática de meditação.

É muito fácil esquecer quem você é e as conquistas alcançadas. Use a meditação diária para se lembrar de suas forças pessoais e permitir que ela o empurre para alcançar seus objetivos de vida. Para que você faça uma mudança na vida, você precisa mudar a si mesmo. Depois disso, tudo é possível.

Capítulo 12: Qual é a melhor técnica para meditação?

Quer saber qual é a melhor técnica para meditação? Neste capítulo, você aprenderá 10 técnicas que é possível usar em sua prática de meditação para que você possa aproveitar ao máximo os resultados da meditação.

1. Postura

Não há melhor técnica para a postura. Em vez disso, encontre uma maneira de tornar o corpo o mais confortável e relaxado possível, sem deitar e adormecer. A coluna deve estar ereta e sua cabeça deve estar levemente para frente por conta de ajudar na respiração natural. Colocando o foco em sua postura e mantendo um bom equilíbrio, você notará que a força da meditação vem facilmente e é fácil se concentrar no que é importante - sua respiração. Se você tem má postura, em vez de se concentrar em sua respiração, você percebe todo o resto, como a dor em que sente por estar sentado, ou a irritação em seus braços ou ombros.

Se ao sentar de pernas cruzadas não

funcionar bem para o seu corpo, sente-se em um banco, colchonete ou travesseiro. Experimente várias posições diferentes para ver qual delas é mais confortável para você. Com tempo eexperiência suficientes, você entenderá quais posições são as mais confortáveis.

2. Olhos

Como iniciante, experimente a meditação com os olhos fechados. Isso ajudará a centrar-se e evitará que você perca a concentração ou o foco. Com o tempo, você pode permitir que seus olhos se abram durante a meditação, para que você possa se concentrar em algo visual, como uma vela. Lembre-se sempre de fazer o que funciona melhor para você e não se preocupe se os olhos estiverem ligeiramente abertos ou próximos. Em vez disso, concentre-se em sua respiração e nos aspectos importantes da meditação.

3. Foco

A melhor prática com o seu foco é estar ciente de tudo o que acontece com o seu corpo. Entenda, mas não tente mudar isso. Aceite-o pelo que é, mantenha-se afastado dele e, eventualmente, você chegará a um lugar calmo e pacífico.

Sempre que você alterar o seu foco e se encontrar sonhando acordado, volte para a respiração. É o melhor lugar para focar a atenção e diz muito sobre como a sua meditação está progredindo. Você deve respirar naturalmente. Concentre-se na ponta do nariz bem perto da ponte do lábio superior. Experimente toda a viagem durante a meditação, não apenas no começo ou no final.

4. Conte a sua respiração

Se concentrarna respiração não é suficiente para ajudá-lo a resolver a mente tagarela, se pode contar a respiração. Toda vez que você inala e expira, conte a respiração até chegar a uma contagem de quatro. Isso irá mantê-lo no momento presente e ajudar a desviar o foco das distrações em seu ambiente e na mente.

5. Pensamentos

Deixe os seus pensamentos existirem. Não tente impedi-los, mas deixe-os terminar e depois dispensá-los quando o pensamento parar. Volte à respiração entre os pensamentos e você perceberá que eles surgem com menos frequência, até que eles deixem de existir.

6. Emoções

Com forte emoção, vem uma forte respiração e tensão no corpo. Quando você está se concentrando na meditação, às vezes as emoções fortes que você sente parecem tirar a tão importante paz interior. Não permita que isso te incomode mais. Em vez disso, localize a parte do corpo onde você está mantendoessa emoção armazenada.

Normalmente esta área será tensa e apertada. Dê vida a esta área e permita-se relaxar e deixar as coisas acontecerem. Retorne o foco à sua respiração, acalme as emoções e separe-se delas com um entendimento de que você não se identifica mais com essas emoções. Dessa forma, você ainda sente a emoção, mas a história e a fonte de sua raiva não mais continuam a impulsionar suas emoções.

7. Silêncio

A atenção plena cresce durante os momentos de silêncio. Algumas pessoas podem gostar de ouvir música de meditação, mas essa música não nos permite formar uma conexão mais forte com a nossa mente, ao invés disso, ela apenas abafará o pensamento. Tire algum tempo para meditar em silêncio e realmente experimente o que está acontecendo na mente. Você ganhará muita força com esse silêncio e poderá usá-lo para formar uma conexão mais forte com os seus pensamentos.

8. Duração

A melhor duração para a meditação é a quantidade de tempo que você medita. Como um iniciante, pode ser apenas alguns minutos. Permita-se, gradualmente, aumentar o tempo que você medita, mas; se você está lutando ainda para passar um certo tempo já estabelecido de prática, não se preocupe com isso. Lembre-se de que o mundo ainda estará aqui quando você terminar de meditar e, que existirá todo o tempo do mundo para meditar.

Não se compare com outra pessoa durante este processo. Todo mundo é capaz de meditar por diferentes períodos de tempo, em diferentes posturas, em diferentes partes do dia. Você é único e deve se esforçar para uma meditação mais profunda, mas se não funcionar, pelo menos você tentou. Você pode tentar novamente amanhã até atingir seu objetivo.

9. Lugar

Crie um local de meditação ideal, incluindo velas, ar fresco ou silêncio. Mude as localizações de vez em quando e experimente o que é meditar em um lugar diferente. Isso fortalecerá a conexão com a sua mente e você superará o que acha que foi possível durante sua meditação, pois colocou-se em um novo ambiente.

10. Prazer

Por que fazer alguma coisa se não estiver trazendo paz e felicidade? A melhor técnica absoluta para meditação é aproveitar o processo. Seja o mais feliz que puder durante o processo de meditação. Tente sorrir durante a meditação e ver quanta paz você encontra. Realmente se comprometa a deixar que todas as emoções negativas ou problemas com os quais você está lidando, sempre que você medita, e se concentre em apreciar o processo.

Capítulo 13: Vivendo com mais atenção

Neste capítulo, você aprenderá a viver com mais atenção, seja durante a prática de meditação ou emseu dia-a-dia.

Sempre que você perceber que está vivendo no passado ou se concentrando demais nos supostos momentos do passado, retorne ao momento presente, através da meditação. O momento atual é onde a paz e a felicidade vivem, o resto está acabado ou não existe. Quando você vive no momento presente, aceita as pessoas por quem elas são, cresce em seu nível de compreensão e constrói uma sabedoria maior sobre o mundo e os outros.

Concentre-se em tudo ao seu redor e faça parte de seu ambiente, em vez de permitir que a mente vagueie. É tão fácil perder toda a beleza que nos rodeia por causa de pensamentos negativos, equivocados e na vibração da raiva. É importante notar onde estamos a cada momento para que possamos desenvolver relacionamentos íntimos no "aqui agora", através do pensamento, sentimento, percepção e atenção à vida. Não é muito melhor do que apenas reagir ao que está acontecendo ao nosso redor?

Se você não desenvolver a atenção plena, corre o risco de enfrentar ansiedade, depressão e estresse. Tudo isso pode ser evitado, mantendo pensamentos que estão no momento e não estão enraizados no passado ou no futuro. Se você está se sentindo particularmente influenciado pelo seu estado mental negativo, lembre-se de que pode se voltar para a meditação onde quer que esteja. Apenas alguns minutos de meditação Mindfulness (da atenção plena) podem mudar todo o seu estado de espírito e melhorar o seu humor, para melhor.

Da próxima vez que você se sentir um pouco estressado, encontre uma cadeira e sente-se sozinho por pouco tempo. Você pode fazer isso no ônibus, na rua enquanto caminha ou está em seu carro (apenas certifique-se de que está estacionado primeiro!) Feche os olhos e volte o foco para a respiração. Observe o ritmo natural e determine se você tem alguma área do corpo que esteja com estresse excessivo.

Lembre-se de relaxar essas áreas e deixe-se acalmar. Continue a respirar e observe as mudanças que você sente no corpo. Não apresse este processo. Continue levando esse momento pelo tempo que precisar. Quando estiver pronto, você pode abrir os olhos devagar e tirar um momento para se sintonizar ao ambiente. Então levante-se e volte ao seu dia.

Você perceberá através da simples meditação que a mente ficará à vontade e poderá controlar as suas emoções de maneira saudável. Você é muito mais que as suas emoções. Você é maior que os pensamentos.

Agora é hora de desenvolver a sua mente e entendero quão poderosa,ela realmente é. É o segredo da felicidade, paz e amor ao longo da vida.

Conclusão

Espero que este livro possa ajudá-lo a desenvolver uma rotina diária de meditação para influenciá-lo positivamente.

Eu pretendo ajudar o máximo de pessoas que eu puder em espalhar essa prática para que vocês possam receber os mesmos benefícios que eu tenho!

O próximo passo é acompanhar a sua meditação e praticar todos os dias para manter uma vida plena e de atenção plena.
Obrigada e boa sorte!

Parte 2

Introducción

¡Muchas gracias por descargar!

Nuestra vida actual a menudo nos presenta situaciones que nos hacen sentir extremadamente nerviosos o estresados. Por muy normal que sea experimentar una cierta cantidad de miedo, tensión y ansiedad en ciertas situaciones, si estos sentimientos persisten después de que la situación estresante ha terminado, se convierte en un motivo de preocupación.

Los sentimientos continuos de nerviosismo, ansiedad y tensión frecuentemente resultan en depresión y estrés crónico, que si no se manejan de manera apropiada y oportuna, pueden afectar enormemente a tu bienestar mental, emocional y físico.

Existen numerosos remedios para combatir los problemas mencionados; uno de ellos, quizás el más poderoso, liberador y efectivo, es la meditación.

La meditación es una técnica asombrosa que proporciona poder y que ayuda a controlar la mente y los pensamientos, brindándote la confianza y la fortaleza necesarias para combatir a tus demonios internos.

Si estás batallando con los pensamientos negativos, el estrés crónico y la depresión, y quieres aprender más sobre cómo usar la meditación para tratar tus problemas, esta guía es perfecta para ti.

Gracias de nuevo por descargar este libro, espero que lo disfrutes.

Meditación 101: Entendiendo la relación entre los pensamientos y la depresión

Según la ciencia, los pensamientos controlan a los sentimientos. Las emociones que sientes son el resultado de pensamientos que vienen y van; si estás triste, es debido a un pensamiento molesto, y si estás feliz, es porque estás pensando en algo agradable.

Siendo este el caso, ¿significa esto que tus pensamientos pueden eventualmente llevar a condiciones serias tales como depresión, ansiedad crónica y estrés?

Vamos a averiguarlo.

La relación entre los pensamientos y las enfermedades mentales

El pensamiento negativo incesante da lugar a la depresión, la ansiedad y otras afecciones similares. Y la verdad es que sí, en algún momento u otro, es normal experimentar depresión, pero si te preocupas continuamente por cierto asunto, darás cabida a pensamientos negativos permanentes y devastadores en tu mente. Muy a menudo, estos pensamientos preocupantes giran en torno a acontecimientos pasados, o a acontecimientos que ni siquiera han ocurrido.

En lugar de salir adelante y apreciar aquel incidente como una experiencia, o pensar positivamente en el futuro, permitimos que las preocupaciones del pasado y del futuro perturben continuamente nuestra mente y nuestros pensamientos. Cuando piensas constantemente en una situación que te inquieta, terminas pensando más negativamente de lo normal.

Según investigaciones recientes, nosotros, los humanos, experimentamos alrededor de 25.000 a 50.000 pensamientos al día; y si estamos tristes, tendemos a pensar más. Cuando piensas en algo molesto, los pensamientos negativos sobrepasan a los positivos. Como ya sabrás, cuando los pensamientos negativos se apoderan de tu mente, ocupan más espacio, sin dejar espacio para pensar positivamente. Con el tiempo, los pensamientos negativos se hacen más fuertes, resultando en depresión, ansiedad crónica y estrés. Una vez que la depresión se apodera de ti, empiezas a perder la conciencia de tus pensamientos. Cuando esto sucede, te vuelves inconsciente y desprevenido de cuando un pensamiento negativo se cuela silenciosamente en tu mente. De acuerdo a diversos estudios científicos, las personas deprimidas generan automáticamente pensamientos infelices. Cuando estás deprimido, el constante pensamiento negativo establece una mentalidad negativa involuntaria.

Derribando la conexión entre los pensamientos negativos y la depresión

Cuando te encuentras constantemente preocupado por tu pasado o futuro, algo que ha ocurrido o algo que podría ocurrir, este pensamiento negativo a menudo puede conducir a problemas mentales y enfermedades. En ambos casos, no aceptas ni tampoco reconoces tu presente.

Aunque hayas perdido algo, o experimentado un trauma, estás vivo hoy; estás respirando, viviendo, sobreviviste a ese incidente; estar vivo ahora mismo, y saber que superaste ese período traumático o evento es en sí mismo una bendición.

Del mismo modo, cuando te preocupas por tu futuro, ignoras tu presente. Te vuelves tan absorto pensando en lo que podría pasar, y descuidas completamente lo que te está pasando en el momento mismo.

Este estado de no estar consciente y satisfecho con tu presente es lo que comúnmente llamamos olvido. Investigaciones científicas han validado con éxito que el olvido vincula los pensamientos negativos con la depresión. El olvido del presente envuelve tu mente en pensamientos del pasado o del futuro haciéndote rechazar tu presente y todas las bendiciones que este contiene.

Es necesario derribar la relación entre ambas cosas, y la meditación lo puede lograr satisfactoriamente.

Cómo la meditación derriba esta conexión
Al perder tu conexión con el presente y practicar el olvido, experimentas estrés y depresión. La meditación se basa en el presente; te ayuda a disociarte de tu pasado, futuro y pensamiento negativo que te hace olvidar tu realidad actual.

Una vez que reconoces el presente, comprendes su belleza y todos los placeres que contiene. Esto te ayuda a reconocer lo que has pasado por alto, lo que trae paz y tranquilidad a tu cuerpo y mente. Cuando tu mente se calma, dejas de pensar negativamente; tan pronto como los pensamientos negativos desocupan tu ser, la intensidad de la depresión y la ansiedad comienza a disminuir.

Al practicar la meditación, fortaleces tu poder para pensar positivamente y ser consciente de tu presente. Con una práctica consistente, la meditación te ayuda a obtener el control de tus pensamientos y te permite, de esta manera, eliminar la depresión de tu vida para siempre.

La Ciencia Detrás de la Meditación

La meditación es de hecho una gran solución para las enfermedades mentales, tales como la depresión, la ansiedad y el estrés que producen infelicidad, estrés y falta de satisfacción. Entonces, ¿cómo podría ayudarte esta herramienta?

Profundicemos en cómo funciona la meditación y entendamos la ciencia que hay detrás de ella antes de analizar sus efectos sobre las diversas enfermedades mentales.

Cómo funciona la meditación

La meditación funciona de dos maneras. En primer lugar, activa la respuesta parasimpática en tu cuerpo. En segundo lugar, reduce la actividad de las ondas cerebrales; cuando la actividad cerebral disminuye, te relajas y dejas de pensar en algo negativo.

Respuesta del sistema nervioso parasimpático

La meditación te ayuda a relajarte usando la respuesta del sistema nervioso parasimpático de tu cuerpo. Cuando estás estresado o preocupado por algo, la parte simpática de tu sistema nervioso autónomo se activa. Esto produce la conocida respuesta de "luchar, escapar o congelarse", que te causa preocupación y malestar debido a la liberación de diferentes hormonas del estrés.

Cuando meditas, se produce una menor producción de hormonas inductoras de estrés como el cortisol y la catecolamina. A medida que la cantidad de estas hormonas se reduce, la respuesta simpática comienza a desactivarse también. Cuando la respuesta simpática disminuye, la respuesta parasimpática comienza a activarse. La actividad parasimpática relaja el cuerpo y se encarga de los eventos que desencadenaron la reacción de luchar, escapar o congelarse.

Como resultado, los latidos de tu corazón comienzan a disminuir y tu sangre comienza a fluir normalmente. Estos cambios relajan tu cuerpo; la investigación ha demostrado que cuando el cuerpo está en un estado relajado, la mente se vuelve automáticamente serena. Por lo tanto, al meditar regularmente, puedes ser capaz de manejar cómo tu cuerpo responde a situaciones estresantes; puede calmar tu cuerpo, lo que indica a tu mente que se vuelva serena.

La meditación ayuda a reducir la hiperactividad en el cerebro

Además de calmar tu cuerpo, la meditación también calma tu cerebro. El cerebro produce diferentes ondas cerebrales clasificadas en cinco grandes tipos (como se verá a continuación).

Cada onda cerebral representa diversas actividades. El conjunto de ondas cerebrales con la frecuencia más alta te ayuda a realizar actividades que requieren gran energía, mientras que las ondas cerebrales con la frecuencia más baja te ayudan a relajarte.

La meditación cambia la actividad de tus ondas cerebrales a una frecuencia más baja, permitiéndote tomar un descanso de la tensión y del pensamiento incesante.

Tipos de Ondas Cerebrales

Ondas Gamma: Las ondas cerebrales en el estado gamma tienen una frecuencia de entre 30Hz y 100Hz. Cuando estás en este estado, aprendes cosas activamente y retienes diferentes tipos de información fácilmente. Este es el estado más activo de tu cerebro.

Ondas Beta: El estado beta posee ondas cerebrales que van desde los 13Hz hasta unos 30Hz. En este estado, se puede practicar el pensamiento analítico, la planificación, la categorización, la evaluación y el pensamiento eficiente.

Ondas Alfa: Las ondas cerebrales en este

estado oscilan entre 9Hz y 13Hz. En este estado, empiezas a sentirte a gusto y en paz, y piensas menos. Este es el estado que experimentas mayormente después de hacer yoga o aeróbicos, o algo que te relaja, como una caminata en el parque.

Ondas Theta: En este estado, las ondas cerebrales oscilan entre 4 y 8 Hz. La meditación te ayuda a alcanzar el estado Theta calmando tus respiraciones y relajando tu cuerpo. Cuando tus ondas cerebrales se ralentizan, te sumerges en un estado de relajación y de comprensión profunda.

Ondas Delta: Este es el último estado, en el cual las ondas cerebrales oscilan entre 1 Hz y 3 Hz. El estado delta es el estado de los monjes tibetanos y practicantes estrictos de la meditación. Cuando alcanzas este estado, te vuelves extremadamente alerta, atento y consciente de todo lo que sucede a tu alrededor. Tú también puedes alcanzar este estado. Sin embargo, requiere una gran cantidad de paciencia, esfuerzo y práctica.

La meditación te ayuda a alcanzar el estado mental Theta, en el que tus ondas cerebrales se ralentizan y relajan. Cuando tu mente está en este estado, empiezas a dejar atrás los pensamientos negativos e hiperactivos, ya que has logrado huir de los estados gamma y beta.

Efectos de la meditación en las enfermedades mentales

Antes de proceder con las diferentes técnicas de meditación que puedes usar para calmar tu cuerpo y mente, es importante mencionar los efectos que la meditación tiene en varias enfermedades mentales. Aprender de estos beneficios de la meditación hará que te sientas aún más motivado a practicarla e incorporarla a tu rutina.

Cómo la meditación ayuda a eliminar la ansiedad y el estrés

La meditación ayuda a combatir la ansiedad de varias maneras y de forma eficaz.

Por una parte, mejora los patrones de ondas cerebrales que se activan cuando estás estresado y ansioso, los cuales son los patrones de ondas beta. Al meditar, evitas esta onda cerebral y entras en el estado más relajado de ondas theta, el cual ayuda a reducir la ansiedad.

La meditación aumenta los niveles de serotonina: Investigadores del Instituto austriaco Ludwig Boltzmann para la Neuroquímica descubrieron que meditar regularmente aumenta los niveles de serotonina, neurotransmisor que ayuda a mejorar tu estado de ánimo. Habiendo más serotonina en tu cuerpo, comenzarás a sentirte más calmado y feliz, además de experimentar una reducción en la ansiedad, el nerviosismo y el estrés.

Asimismo, la meditación activa la respuesta del sistema nervioso parasimpático en tu cuerpo, lo cual te ayuda a controlar el estrés de manera efectiva. Un renombrado médico de Harvard, el Dr. Herbert Benson, descubrió lo de la activación de la respuesta parasimpática mediante la meditación, nombrandola "respuesta de relajación".

La meditación disminuye la actividad de la amígdala cerebral derecha: La meditación también combate la ansiedad reduciendo la actividad de la amígdala cerebral derecha, asociada con la activación de la ansiedad. Investigadores de la Escuela de Medicina de Harvard y de la Universidad de Boston han compuesto también este descubrimiento en un estudio reciente. La meditación tiene un efecto asombroso sobre la ansiedad, el estrés y el nerviosismo, por lo que cuando empiezas a practicarla con regularidad, serás capaz de controlar fácilmente los pequeños ataques de ansiedad y estrés, para que no se transformen en ansiedad y estrés crónicos.

Cómo la meditación combate la depresión

La meditación tiene un efecto sorprendente sobre la depresión, ya que esta favorece el desarrollo de la zona del hipocampo del cerebro. Según investigadores de la Universidad de Washington en 1996, cuanto más desarrollado está el hipocampo, menos probabilidades hay de sufrir depresión. Los investigadores estudiaron los cerebros de personas que sufren de depresión clínica y de personas que practican meditación, y los resultados fueron sorprendentes. Las personas que padecían de depresión tenían un hipocampo subdesarrollado en comparación con el tamaño del hipocampo de los practicantes de meditación.

La meditación desarrolla la corteza prefrontal izquierda: Otro estudio demostró que las personas que meditan frecuentemente tienen una corteza prefrontal izquierda más desarrollada y activa. La corteza prefrontal izquierda es la región del cerebro asociada con la felicidad, por lo que cuando esta corteza está bien desarrollada y activa, uno comienza a sentirse más feliz de lo normal, y puede luchar fácilmente contra los sentimientos relacionados a tristeza y depresión.

Además, el meditar incrementa los niveles de noradrenalina y serotonina, dos neurotransmisores importantes que son responsables de mejorar el estado de ánimo. Una baja producción de estas hormonas da lugar a sentimientos depresivos; por lo tanto, cuando su producción aumenta, tu depresión comienza a aliviarse también.

La meditación te hace sentir completo: Normalmente, la mayoría de nosotros nos deprimimos porque nos sentimos incompletos, sentimos que nuestra vida no está completa, o somos incapaces de sentirnos realizados. Esto viene del olvido. La meditación te ayuda a ser consciente de tus bendiciones, ayudándote a experimentar plenitud y a sentirte completo. Cuando comienzas a sentirte completo, tu depresión comienza a disminuir automáticamente. El Dr. Deepak Chopra, médico, autor y practicante de meditación, ha validado esto.

Cómo la meditación te ayuda a alcanzar paz interior, felicidad y confianza

La meditación te ayuda a alcanzar paz interior al enfocarte en tu presente, permitiéndote tener un mejor control de tus pensamientos y también evitando que estos deambulen en el pasado o en el futuro. Además, esto te ayuda a perder de vista las cosas o pensamientos preocupantes, trayéndote calma y permitiendo alcanzar la ya mencionada paz interior.

Al alcanzar paz interior, empiezas a sentirte satisfecho contigo mismo y con tu vida, y trayendo felicidad a esta. Por otra parte, la meditación combate el estrés, la ansiedad y la depresión. Con estas condiciones fuera de tu organismo, comienzas a sentirte feliz de nuevo de forma automática.

Cuando estás feliz contigo mismo, estás contento con lo que tienes y ya no sientes inseguridades. El sentirse realizado aumenta tu autoestima, lo que a su vez mejora tu confianza. Cuando tu confianza mejora, trabajaras eficientemente hacia el cumplimiento de todas sus metas.

Cómo meditar: Preparándose para la meditación

Hasta ahora, hemos hablado sobre la meditación y sus sorprendentes efectos en tu cuerpo y mente. Pasemos ahora a discutir sobre cómo prepararse para la meditación, para que así sepas cómo preparar tu cuerpo y mente para entrar a un estado meditativo.

No siempre es necesario prepararse para la meditación; algunos practicantes de esta encuentran fácil cambiar del estado activo de rutina al estado de meditación. Sin embargo, la habilidad de entrar en un estado meditativo sin la necesidad de prepararse es predominante en meditadores experimentados, y como probablemente eres un principiante en esta práctica, es importante discutir algunas estrategias que pueden ayudarte a calmarte y a entrar fácilmente en un estado meditativo.

Cómo prepararse para la meditación

No comas antes de meditar: No comas nada durante al menos una hora antes de entrar en meditación. Si no puedes controlar tu hambre, o tienes que comer debido a una condición de salud, asegúrate de comer una comida muy ligera como un trozo de fruta, dos o tres galletas, o una taza de leche. Comer mucho antes de meditar puede hacer que te sientas algo aturdido, impidiéndote así alcanzar la comodidad que necesitas para entrar en estado meditativo.

Toma un baño: Aunque no es esencial, tomar un baño caliente o una ducha antes de meditar facilitará entrar en un estado de meditación. Un baño o una ducha te hace sentir fresco, ligero y limpio. Además, un baño tranquilo tiene un efecto calmante en tu estado de ánimo, lo que facilita la meditación.

Usa ropa cómoda: Cuando medites, ponte algo cómodo. La ropa ajustada te hace sentir sofocado, impidiendo así que te relajes. Además, debes abstenerte de usar joyas pesadas o cualquier cosa que te distraiga o te haga sentir incómodo.

Realiza un calentamiento previo: Hacer un calentamiento previo antes de meditar es una buena idea. Ejercicios ligeros como estiramientos, salir a trotar o caminar, hacer ejercicios aeróbicos o cualquier otra actividad física estimula el flujo sanguíneo en el cuerpo, alivia el estrés, aumenta la producción de serotonina y te ayuda a relajarte. Todos esto hace mas fácil el entrar en estado de meditación.

Crea una atmósfera relajante: Es esencial crear una atmósfera relajante para meditar. No puedes hacerlo tranquilamente si estás sentado en un lugar ruidoso, frío o incómodo.

Elije una habitación tranquila que tenga la temperatura y el ambiente adecuados. Podrías encender velas, o quemar incienso, o escuchar música relajante para que la atmósfera sea lo suficientemente tranquila para ti.

Realiza Ejercicios de Respiración: Practicar ejercicios de respiración es una buena manera para relajar la mente y prepararla para meditar. Cuando tu mente está relajada, se vuelve más fácil para ella reflexionar. Para practicar la respiración profunda, siéntate cómodamente y respira y exhala de forma profunda. Asegúrate de mantener la inhalación y exhalación durante cuatro o cinco segundos. Practica este método hasta que te sientas en paz para poder empezar a meditar.

Utiliza Objetos Espirituales: También puedes colocar cualquier objeto que te conecte con tu espiritualidad para que calme tu mente. Además, puedes leer un libro relajante o ver un vídeo que te conecte con tu espiritualidad. La espiritualidad ayuda a relajar la mente, permitiéndole a esta entrar en un estado de meditación.

Practica estas estrategias antes de meditar para reducir la dificultad cuando transiciones de un estado mental enérgico a uno meditativo.

Cómo entrar en un estado meditativo

Al haber finalizado la preparación y estés conforme con ésta y con tu entorno para la meditación, estarás listo para entrar en un estado meditativo. Al principio, experimentar un estado de calma mental que lleve a la meditación no será fácil, pero la práctica rutinaria y la perseverancia ciertamente te ayudarán a conseguirlo. Además, las siguientes técnicas también te ayudarán a entrar en un estado meditativo con facilidad.

Ponte en una postura moderadamente cómoda: Siéntate, párate o acuéstate en esta postura. Una postura moderadamente cómoda no es incómoda, y tampoco es completamente relajante. Estar extremadamente relajado a menudo conduce a la somnolencia; por lo tanto, la postura idónea debe ser la ya mencionada. Te puedes sentar en tu cama, en una colchoneta para hacer ejercicio o en alguna silla confortable. También puedes recostarte. Quienes meditan regularmente y tienen experiencia, suelen practicar la meditación de pie. Sin embargo, como principiante, es mejor sentarse o acostarse.

Mantén los ojos cerrados: cerrar los ojos

es una buena opción para evitar distracciones externas y así concentrarte en tu respiración.

Mantén las manos a los lados: puedes probar muchas posiciones con las manos; sin embargo, al principio, es mejor mantenerlas a tu lado.

Comienza a respirar lenta y profundamente: mantén la respiración lo más que puedas. Además, controla tu respiración. Pon atención a cuánto tiempo puedes contenerla. Trata de disminuir la velocidad de tu respiración. Si al principio necesitas cuatro segundos para inhalar y exhalar, incrementa a seis o siete segundos después de unas cuantas respiraciones profundas.

Pon en práctica ejercicios mentales: practica algunos ejercicios mentales que te ayuden a agudizar tu atención y concentración. Por ejemplo, puedes observar tus movimientos corporales o practicar ejercicios de visualización. Si eliges hacer la visualización, debes imaginar algo y mantenerlo en tu mente por unos segundos o minutos. Al ser capaz de sostener esa imagen durante unos 15 segundos, y puedas imaginarla claramente, te habrás relajado lo suficiente como para enfocarte en el verdadero propósito de tu meditación.

El siguiente capítulo tratará sobre algunas técnicas de meditación eficaces para ayudarte a aliviar el estrés, la ansiedad y la depresión.

Diferentes técnicas de meditación para combatir el estrés y la ansiedad

Existen varias técnicas de meditación que puedes practicar para alcanzar la paz mental y aliviar el estrés, la ansiedad y la depresión. A continuación se presentan técnicas de meditación populares y efectivas garantizadas para aliviar la depresión, la ansiedad y el estrés.

Meditación basada en la atención plena (Mindfulness)

La ingeniosa idea de Jon Kabat Zinn,

meditación basada en la atención plena, cobró vida en 1979. Hoy en día, es una práctica mundial que hace uso de la exploración corporal y la conciencia respiratoria.

La conciencia respiratoria se refiere a que ésta enfoca tu atención tanto en tu inhalación como en tu exhalación. La exploración corporal se refiere a enfocarse en tu cuerpo, comenzando desde los dedos de los pies y moviéndose hacia tu mente. Esto ayuda a liberar cualquier tensión en el cuerpo y facilita la conexión con la mente.

La meditación basada en la atención plena es efectiva para reducir el estrés, la ansiedad y eliminar la depresión. Además, te ayuda a ser consciente de tu presente y a dejar de preocuparte por tu futuro y tu pasado, ayudándote así a alcanzar la paz interior y la felicidad.

Cómo Practicar la Meditación Mindfulness

Para practicar este tipo de meditación, inhala profundamente y concéntrate únicamente en tu respiración; haz lo mismo cuando exhales. Una vez que tu enfoque se haya fortalecido, comienza a concentrarte en cómo fluye la energía en cada parte de tu cuerpo. Enfócate en cada parte del cuerpo durante aproximadamente siete a diez respiraciones. Te tomará unas semanas dominar esta técnica meditativa, así que no te preocupes si las cosas se sienten un poco raras al principio.

Meditación del Sonido Primordial

La MSP o meditación del sonido primordial es una técnica meditativa relajante que utiliza un mantra. Mantra aquí se refiere a un sonido suave y cálido o vibración que te ayude a sentirte relajado. Los sonidos que elijas deben ser similares a los que los bebés escuchan mientras están en el vientre de la madre.

Investigaciones sobre la MSP han demostrado que el sonido que escuchas mientras estás en el vientre de tu madre es el primer mantra que el universo te brinda; este "sonido en el vientre" es muy calmante y relajante. Si oyes algo similar a tal sonido, es probable que logres la calma. MSP es excelente para ayudarte a relajarte después de un día agitado, ayudarte a manejar la ansiedad, y finalmente a tener paz interior.

Cómo practicar la Meditación del Sonido Primordial

Para practicar la MSP, necesitas escoger un mantra personal y significativo para ti. Después de seleccionar tu mantra personal, reprodúcelo repetidamente (reproduce ese sonido en tu iPod o MP3) y luego relájate con su sonido. Antes de comenzar la MSP, practica las estrategias de preparación tratadas anteriormente para que sea más fácil meditar al son del sonido de tu mantra. El Dr. Deepak Chopra y Lady Gaga son dos famosos practicantes de esta técnica meditativa.

Meditación Trascendental

La meditación trascendental (MT) es una creación del gurú religioso de la India Maharishi Mahesh Yogi. Utiliza ciertas palabras sánscritas, o un cierto mantra para ayudarte a enfocarte mejor mientras meditas. Un profesor mediador te da el mantra dependiendo de diferentes factores como tu sexo, año de nacimiento y el año en el que tu profesor recibió entrenamiento en meditación.

Esta técnica es excelente para ayudarte a evadir los pensamientos de distracción que te impiden ser consciente de tu presente, de ti mismo y de tu vida.

Cómo practicar la Meditación Trascendental

Para practicar la meditación trascendental, siéntate cómodamente y cierra tus ojos. Una vez que te hayas relajado y hayas entrado en un estado de calma mental, comienza a repetir tu mantra, pronto serás capaz de trascender el proceso de pensamiento rutinario y entrar en el estado de conciencia completa y conciencia pura. Russell Brand y Katy Perry practican este tipo de meditación.

Meditación Zen

La meditación Zen, también conocida como Zazen, deriva del budismo y significa "meditación sentado". Ésta te ayuda a obtener una visión profunda de ti mismo mediante la observación de tu mente y tu respiración.

Además, te ayuda a alcanzar el nirvana, un estado de felicidad y paz eterna. Es excelente para curar y aliviar tanto el estrés rutinario y crónico, como también la depresión y la ansiedad. Asimismo, mejora la salud y el bienestar mental, ayudándote a ser feliz y a estabilizar tus emociones. Richard Gere y el Dalai Lama son figuras célebres que practican Zazen.

Cómo practicar la meditación Zazen
1. Primero busca un lugar tranquilo y consigue un *zabuton*, luego colócalo frente a una pared y pon un *zafu* encima.

Zabutón

Zafu

2. Ahora siéntate asegurándote de que la base de tu columna vertebral esté en el medio del zafu. Más abajo puedes encontrar diferentes posturas.

Medio Loto

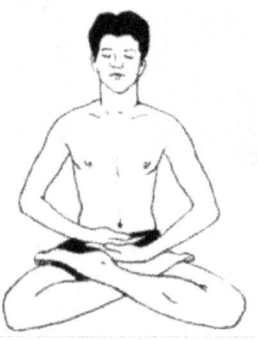

Padmasana

3. Descansa las rodillas sobre el zabuton y luego endereza la parte baja de la espalda empujando los glúteos hacia afuera y las caderas hacia adelante y luego endereza tu columna. Ahora extiende tu cuello como si estuvieras tratando de alcanzar el techo y luego relaja tus hombros.
4. Pon la mano derecha con la palma hacia arriba en el pie izquierdo y la mano izquierda con la palma hacia arriba en la mano derecha con los pulgares tocándose ligeramente entre sí.
5. Dirige tus ojos hacia abajo en un ángulo de aproximadamente 45 grados sin tener que enfocarte necesariamente en ninguna cosa específica. No cierres los ojos, ya que te podrías dormir fácilmente.
6. Cierra la boca y coloca la lengua detrás de los dientes contra el paladar.

7. Inhala profundamente, luego abre la boca ligeramente y exhala lenta y suavemente. Asegúrate de exhalar desde el abdomen.
8. No trates de controlar tus pensamientos ni de enfocarte en ningún objeto específico. Cuando tengas pensamientos distractorios, no trates de luchar con ellos o de evitarlos, sino que permite que entren y salgan libremente.
9. Una vez que finalices la meditación, pon las palmas de las manos sobre tus muslos, respira profundamente, estira tus piernas y levántate lentamente. No te levantes bruscamente.

Cómo salir de un estado meditativo

Has aprendido por qué la meditación es importante y cómo prepararse, entrar y practicar la meditación. Ahora, necesitas aprender a salir apropiadamente del estado meditativo y finalizar tu rutina.

Permítete un poco de tiempo libre: cuando estés a cinco o diez minutos de finalizar tu rutina, permítete un poco de tiempo libre. Durante este tiempo, piensa en lo que te plazca, para que te sientas feliz y no te deprimas al terminar de meditar.

Fase de Intención: cuando estés a un minuto de concluir tu rutina, recuerda la idea de poner fin a la práctica. Esto se conoce como "intención", la cual ayudará a tu cuerpo a cambiar del modo de sanación al modo neutro.

Realiza pequeños movimientos: cuando tu sesión de meditación esté a punto de finalizar, realiza pequeños movimientos como inclinar la cabeza, estirar el brazo hacia afuera o abrir los ojos.

Termina tu práctica: abre los ojos, respira profundamente y finaliza tu práctica.

Así es como finalizas la meditación. Asegúrate de seguir estos pasos para que puedas salir del estado meditativo correctamente.

Cómo hacer que la meditación sea más efectiva

Además de meditar de forma plena y con regularidad, hay ciertas estrategias que pueden mejorar la eficacia de tu meditación. A continuación encontrarás consejos y maneras efectivas para mejorar tu meditación.

Mudras

Se entiende por mudras a las diferentes posiciones de manos y brazos. Cada uno de tus cinco dedos conecta a un elemento y puede producir un cierto efecto en tu cuerpo. En otras palabras, con cada dedo puedes lograr diferentes objetivos. Los Mudras son excelentes para facilitar apropiada y profundamente la meditación. Estos son algunos mudras fáciles que de seguro te ayudaran.

Gyan Mudra

Uno de los mudras más básicos y efectivos. Alivia la tensión, mitiga la depresión, agudiza la concentración y realza la sabiduría. Para practicarlo, une la punta de tu dedo índice a tu pulgar y mantén los otros dedos rectos y relajados.

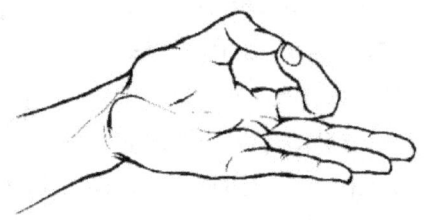

Dhyana Mudra

También conocido como Samadhi mudra, ayuda a la contemplación profunda y a meditar fácilmente. Para hacerlo, coloca tu mano derecha sobre la izquierda y manténlas apoyadas sobre tus piernas. Forma un triángulo con tus pulgares para limpiar tus pensamientos eficazmente y sentirte más sereno.

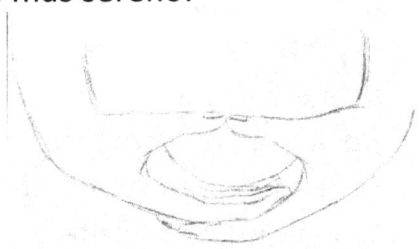

Practicar estos mudras de forma constante te ayudará a meditar eficientemente.

Aceites Esenciales

Los aceites esenciales son muy útiles para

mejorar la eficacia de tu práctica meditativa. Puedes mezclarlos con agua y rociar la mezcla sobre tu entorno, untarlos sobre tu cuerpo por medio de masajes o utilizarlos en un difusor para disfrutar de sus inmensos beneficios. Estos son algunos aceites esenciales que puedes utilizar:

1. **Mirra**: estimula el hipotálamo, la amigdalina y las glándulas pituitarias, mejorando así tu concentración y reduciendo el estrés, permitiéndote meditar cómodamente.
2. **Sándalo**: Si estás meditando para sanar tus heridas espirituales y emocionales, usa aceite de sándalo.
3. **Rosa**: Para sentirte feliz y conectarte profundamente con tu espíritu, usa aceite de rosas.
4. **Vetiver**: Te ayuda a concentrarte y a focalizarte en tu presente.
5. **Salvia**: El aceite de salvia ayuda a eliminar las energías negativas de tu mente y cuerpo, restaurando el balance de

ambos.

Cuentas de oración budista o malas

Los malas son cuentas unidas por una cuerda, similar a un rosario. Los monjes las usan a menudo como herramienta de meditación. Cada mala se compone de 108 cuentas. Al meditar, te recomiendo que tomes una cuenta del mala cada vez que inhales y exhales, y luego pases a la siguiente cuenta. De este modo, realizarás 108 ciclos de respiración y te concentrarás más en tu meditación.

Mantra

Un Mantra es un cántico que ayuda a que te enfoques fácil y eficientemente. Puedes elegir cualquier mantra de acuerdo a tu estado de ánimo y a la meta que quieres alcanzar. Los mantras populares incluyen palabras como Om Shanti Om, amor, paz, algún dios o paz interior.

Escritura automática

Toma tu diario y entra en meditación. Una vez que logres enfocarte, empieza a preguntarle a tu mente subconsciente o al universo diferentes preguntas relacionadas a tu propósito o meta, anotando las imágenes o respuestas que obtengas. Muy pronto estarás absorto en esta práctica y serás capaz de meditar profundamente.

Desafíos de la meditación y cómo afrontarlos

Meditar suele ser a menudo no muy fácil para los principiantes; es probable que te enfrentes a algunos desafíos al meditar. Veamos los problemas comunes a los que te puedes enfrentar cuando meditas, y veamos también maneras de abordarlos.

Volverse impaciente: Cuando meditamos, es fácil impacientarnos. Es posible que sientas la necesidad de hacer otra cosa, haciéndote perder el enfoque. Para superar este problema, reflexiona sobre los beneficios de la meditación antes de empezar con esta para que así puedas practicarla con paciencia y dedicación.

Distraerse: Perder la concentración durante la meditación es otro desafío que la mayoría de los principiantes enfrentan con frecuencia. Si experimentas este problema, asegúrate de volver a centrarte en tu respiración o mantra. También puede utilizar técnicas de visualización para centrarte en el panorama más amplio y mantenerte comprometido a tu práctica.

Falta de tiempo: Al principio, puede sentir que pasar demasiado tiempo meditando no es productivo, y que podrías estar haciendo algo más importante. Para solucionar este problema, debes entender bien la importancia de la meditación, priorízandola sobre otras tareas.

No sentirse lo suficientemente tranquilo: La mayoría de los principiantes pierden interés en la meditación porque no se sienten lo suficientemente tranquilos. Para superar esto, debes comprender que el sentirse en paz no significa que experimentarás la iluminación en unas pocas semanas de práctica. El sentirse en paz se refiere a disfrutar de los pequeños placeres de la vida y ser consciente del presente. Por lo tanto, si ves que comienzas a despertar feliz cada mañana, o que comienzas a sonreír ante pequeñas cosas, es porque has comenzado a encontrar la paz.

Conclusión

La meditación es la cura perfecta para todas las preocupaciones y problemas como la ansiedad y la depresión ya que calma tu mente, te lleva al presente y te ayuda a apreciar todas las bendiciones que te han sido otorgadas. Para aprovechar al máximo esta práctica, sigue esta guía y descubre los asombrosos poderes de la meditación.

www.ingramcontent.com/pod-product-compliance
Lightning Source LLC
Chambersburg PA
CBHW071850070526
44583CB00016B/1626